学級経営サポートBOOKS

体を"どんどん"
動かしたくなる!

運動あそび111

山﨑 功一 編著

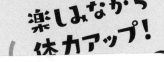

休み時間でも
体育授業でも
OK!

楽しみながら
体力アップ!

明治図書

JN040214

はじめに

　「キン・コン・カン・コン……」授業の終わりは休み時間の始まり……子どもたちの笑顔と体がとび出していきます。この時間は，誰にも束縛されない子どもたちのための時間です。では，現状はどうでしょうか？　外に元気に遊びに行く子と内にいる子……と２極化しています。子どもたちはあそびを通して様々な体験をし，社会性などの基礎を培い，心とからだが発達していきます。しかしながら，小さい頃からの基礎体力の低さや体を動かすことの体験の不足が様々なところに影響を与えています。この原因の１つに，あそびを知らないことや体を動かすことの楽しさを体験していないことがあげられます。体で感じて理解し，あそびを学び，楽しむことは，応用力や問題解決力を身につけることにもつながります。さらには，この時期に身につけた動きが今後の活動の土台となっていきます。このように体を動かすことは，子どもたちにとってとても大切なことなのです。

　さて，本書にあるあそびは，昔から引き継がれてきたものから，地域や外国，オリジナルのものを種類別に分けて紹介しております。あそびの仕方の説明やアドバイス，ポイントをまとめており，休み時間だけでなく体育授業でも使える運動あそびが多くあります。様々なあそびを行うことで，子どもたちの笑顔いっぱいで元気な姿が見られるきっかけになってほしいと思っております。そして，今後，教育現場やスポーツ，レクリエーションに携わっている方をはじめ，多くの方々に活用されることを強く願っております。

　最後になりますが，この本の刊行にあたり多くの皆様にお力添えいただきましたことに，心より感謝いたします。また，本書の企画から編集に至るまで，たくさんのご助言をいただきました明治図書の木村悠様には，この場をお借りして感謝の意を伝えさせていただきます。

2021年7月

山﨑　功一

もくじ

1章　体を動かすと体も心も成長できる！

2章　７つの体力を高める！運動あそび **111**

鬼ごっこ系

じゃんけん系

固定遊具系

なわとび系

ボール・ゲーム系

用具系

ペア・集団系

歌（伝承）系

地域限定・オリジナル系

外国系

1章

体を動かすと
体も心も成長できる！

1 体を動かすことで得られる6つの効果

　塾や習い事で忙しく遊ぶ時間がない。空き地や公園も少なく遊ぶ空間がない。さらには，遊び方もゲーム，スマートフォン等，一緒にいてもそれぞれ画面を見ながら別々のことをして，体を動かさないあそびをしている姿も多く見られます。このように，現代の子どもたちは，様々な要因で体を動かすことが減っています。文部科学省の調査（令和元年度全国体力・運動能力，運動習慣等調査報告書，2019）でも，子どもたちの1週間の総運動量が，60分未満の割合も高いことがうかがえます。そして，体を動かして遊ぶことの少ない子どもたちは，体力・運動能力の低下が叫ばれています。

　では，体を動かすことはどんな効果があるのでしょうか？

　一般的には，体力がつくと思われるでしょう。それだけでなく，体や心，その他にも様々なことで豊かな成長が見込まれます。例えば，

①脳に刺激を与え脳を鍛えられます（脳）

②体力や運動能力の向上につながります（行動体力）

③体を動かすことで健康的な体を育みます（防衛体力）

④成功体験の積み重ねで心の成長につながります（心）

⑤集団で遊ぶことで人間関係の構築につながります（人間関係）

⑥ルールの工夫やあそびをつくることで創造力を養います（創造力）

など，体を動かすことによって心身ともに健康になる土台がつくられます。そして，大人になっての生活スタイルや健康につながることが多々あります。

2 あそびは「人」「環境」「時間」に分類できる

　「子どもの仕事は遊ぶこと」昔からよく言われた言葉ですが，現代では「子どもの仕事は勉強」といったところでしょうか。

　では，あそびとは何でしょうか？　あそびについて，フランスの社会学者，ロジェ・カイヨワは，あそびを4つの要素に分類しています[1]。

①アゴン（Agon）・競争を伴うあそび　サッカー，チェスなど

②アゼア（Akea）・運や賭けを伴うあそび　じゃんけん　すごろくなど

③ミミクリ（Mimicry）・まね・模倣を伴うあそび　ごっこ　仮装など

④インクリンス（Ilinx）・目眩やスリルを伴うあそび ブランコ すべり台など

　どのあそびも，このいずれか，または複数に当てはまるといわれています。

　そして，このあそびの要素は，今後の人生に必要な資質を育むだけでなく，子どもたちの発育・発達にも重要な意味をもっています。

　また，あそびの要素は，「人」「環境」「時間」にも分類できます[2]。

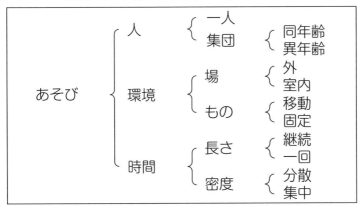

※筆者が一部修正

　この表を使って分けていくと，あそびの種類を整理できます。このようにあそびは，人とのつながり，環境（もの）とのつながり，時間とのつながりから構成されているとも考えられます。

　他にも，昔から人から人へ伝えられてきた伝承あそびがあります。例えば，鬼ごっこは今でも親しまれているあそびです。鬼ごっこは様々な種類が生まれ，現在では鬼ごっこにスポーツ性を加えたスポーツ鬼ごっこもあります。このようにあそびは環境や時代の変化により形が変わってきています。また，地域限定のあそびもあります。さらに，子どもを取り巻く環境の変化から，電子機器を使ったあそびも近年急速に発展してきました。時代にあったあそびも必要ですが，今の子どもたちには，5間（時間・空間・仲間・すき間・手間）を取り戻すための，体を動かすあそびが必要です。

3 休み時間に体を動かすあそびに誘い出すアイデア

　では,「からだ」を動かすことの好きな子どもたちを育むためにはどうすればよいでしょうか?　ここでは,学校の休み時間で考えてみたいと思います。

　学校では,休み時間は友だちと話したり,用具の準備や教室の移動やトイレに行ったりする時間です。2時間目と3時間目の間は,15〜20分の長い休みがあって,給食後の昼休みと同じようにこの時間に外に遊びにいくことが多くなります。しかしながら,長い休み時間にも教室で話をしたり本を読んだり,または課題が終わらずにやっている子も少なくはありません。休み時間なので外で体を動かして遊ぶことを強制することはできませんが,1日に一度は体を動かして遊んでもらいたいものです。また,1日の内で活動的な習慣を身につけるためには,教師の「場・しかけ」も必要となります。では,どうすればよいのでしょうか?　いくつか例を挙げてみましょう。

①担任の先生が遊ぶように促す

②学級会で話し合って,みんなで遊ぶような時間をつくっていく

③全校で外で遊ぶように呼びかける

④全校の体育イベント(大なわ大会等)を企画して学級で取り組む

⑤体育で行ったものを休み時間にできるようにする　等々

　これ以外にも,いろいろなことが考えられます。一番よいのは子どもたちが自ら体を動かしたくなって遊びにいくことができるようになることです。

4 休み時間と体育授業を双方向でつなげる

　次に,子どもたちが自分たちであそびを楽しめるようにするにはどうしたらいいでしょうか?　子どもたちを元気よく外で遊ばせようとすることは必要ですが,強制してはいけません。あそびは自由なものであり,大人が干渉しない子ども同士のあそびが大切です。子どもたちはあそびでルールを学んでいきます。また,人間関係や危ないことへの対処の仕方,さらに楽しむための工夫の仕方等様々なことを学んでいきます。子どもたちは幼い頃からやって

きたあそびに，学校に入学すると上級生のやっているあそびを見ながら・まねしながら，あそびを広げていきます。他にも，学校独自に引き継がれてきたあそびや地域ならではのあそびも多々あると思われます。そのあそびに新しいメニューをつけ加えてはいかがでしょうか？　その1つに体育授業における運動あそびがあるのではと考えています。子どもたちのあそびのレパートリーを増やすためにも必要ですし，体育授業で行った運動あそびの中で楽しかったものが休み時間のあそびにつながるといいと思われます。あそびが形やルールを変えアレンジされ，再び体育授業に戻ってくることも大切で，休み時間のあそびと体育授業の運動あそびが双方向でつながるとあそびが膨らんでいきます。バーチャルでのあそびが中心になり，体を動かすあそびの経験や体験の少ない子どもたちのあそびの広がりが，長い目で見ると自身の将来の体や心だけでなく，次世代の子どもたちにも引き継がれていくことになるでしょう。

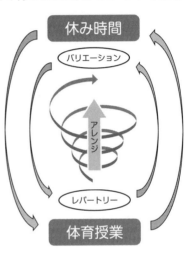

5　休み時間に遊びたくなる環境づくり

　遊びたくなる環境をつくることによって自然と体を動かしたくなります。
　学校で外あそびが楽しくなるプレイランドを創りましょう。
①通路にペンキでケンパー用の円や渦巻等を描いておきましょう
②雨の日は学年を決めて体育館で遊べるようにしましょう
③運動場にいろいろなラインを引いておきましょう
④体育倉庫の用具や道具を使えるようにしておきましょう　等々
　学校でのあそび環境を整えることで子どもたちのあそびが変わっていきます。少しの「手間」が，子どもたちの「ワクワク感」を高め，遊び方やあそびの種類の増えることにつながっていきます。

6 ７つの体力を高める体を動かす運動あそび

　体力とは、「ストレスに耐えて生を維持していくからだの防衛能力と，積極的に仕事をしていくからだの行動力」とされています[3]。また，体を動かすことは，運動能力や運動技能の向上を促し，体力の向上につながります。同時に健康な状態をつくり，病気から体を守るために高まった体力は，活動を支えていきます。では，現代の子どもはどうでしょう？　子どもの体力低下の原因の１つに外あそびや体を使ったあそびの機会が減っていることが挙げられます。子どもを取り巻く環境の変化（生活の便利さ，時間・空間・仲間の減少等）も影響しています。体を使ったあそびは，基礎となる体力や様々な動きの発達につながります。さらには，人間関係やコミュニケーション能力の向上にもつながります。だからこそ，体を動かすことの面白さや心地よさを体験するあそびは，体力や運動能力の向上につながると考えられます。

＊２章の各あそびには，下記７つの体力[4]の中でどの体力と関連しているか明記していますので，参考にしてください。

	体力の名称	身につけると高まる体力
1	筋力	様々な運動中により強い力を発揮できる
2	瞬発力	瞬間的に強い力を発揮し，素早く動くことができる
3	持久力	全身持久力…運動を長く続けることができる（主に心肺機能の高まり） 筋持久力……体の一部の筋肉を使った運動を長く続けることができる
4	平衡性（バランス能力）	バランス感覚に基づいて安定して体を支えられる
5	柔軟性	体の柔らかさが高まり動きを無理なくできる
6	協応性（巧緻性）	動作の目的に応じて巧みに身のこなしができる
7	敏捷性（スピード）	体勢や体の向きを素早く変化することができる

※「身につけると高まる体力」は筆者による

引用・参考文献・URL
1）ロジェ・カイヨワ『遊びと人間』講談社　1990
2）高島智　遊び工房「遊房」https://ameblo.jp/jugsato/entry-12056134363.html
3）猪飼道夫等編　「体力と身体適正」『体育科学事典』第一法規出版　1970.p100
4）「行動体力」e-ヘルスネット https://www.e-healthnet.mhlw.go.jp/information/dictionary/exercise/ys-023.html　厚生労働省　2021

体力要素一覧

NO.	遊びの名称	筋力	瞬発力	持久力	平衡性	柔軟性	協応性	敏捷性
1	だるまさんがころんだ	○	○		○	○		○
2	ふえ鬼	○	○	○				○
3	ペアタッチ氷鬼			○				○
4	バナナ鬼		○	○			○	○
5	手つなぎ鬼	○	○	○				○
6	手放し鬼		○	○			○	○
7	かげふみ鬼		○	○				○
8	色鬼		○	○			○	○
9	高鬼						○	○
10	島鬼	○					○	○
11	しっぽだらけ鬼		○	○				○
12	ドロケイ			○				
13	巴鬼		○	○				○
14	ボール当て鬼		○				○	○
15	ろくむし	○	○				○	○
16	Sケン	○	○	○	○	○		○
17	ところてん鬼		○					○
18	ねことねずみ		○					○
19	ことろことろ		○					○
20	田んぼ（十字鬼）		○					○
21	サークル鬼	○	○				○	○
22	ジャングル鬼					○	○	○
23	かくれんぼ						○	
24	逆かくれんぼ		○					○
25	隠れ鬼ごっこ			○				○
26	うずまきじゃんけん		○					○
27	ケンパーじゃんけん	○	○		○			○
28	ドンじゃんけん		○					○
29	グリコじゃんけん		○					○
30	おんぶじゃんけん	○					○	
31	からだじゃんけん	○				○		
32	巨人のじゃんけん		○				○	
33	新聞島じゃんけん				○		○	
34	じゃんけん開脚	○				○		
35	進化じゃんけん	○	○	○	○	○	○	○
36	回転てつぼう（てつぼうあそび１）	○				○		
37	てつぼうじゃんけん（てつぼうあそび２）	○				○		
38	のぼり棒	○	○		○		○	
39	うんてい	○			○			
40	王様じゃんけん	○	○	○	○	○	○	○
41	ブランコ靴とばし						○	
42	ゴムとび	○			○	○	○	
43	いろはにこんぺいとう	○			○	○	○	
44	大波小波	○	○				○	
45	8の字なわとび		○				○	○
46	長なわ玉突き跳び		○				○	
47	長なわじゃんけん		○	○			○	
48	十字跳び		○				○	
49	ダブルダッチ		○				○	
50	横並び正面跳び		○	○			○	
51	転がしドッジボール		○				○	
52	王様ドッジボール		○				○	
53	円形ドッジボール		○				○	
54	ダブルドッジボール		○				○	
55	アメリカンドッジボール		○					○
56	まぜまぜドッジボール		○				○	○

NO.	遊びの名称	筋力	瞬発力	持久力	平衡性	柔軟性	協応性	敏捷性
57	ことろドッジボール		○				○	○
58	ピザドッジボール		○				○	○
59	ドッヂビー	○	○		○			○
60	かんたんアルティメット			○			○	○
61	手打ち野球	○	○				○	○
62	三角ベースボール		○				○	○
63	キックベースボール	○	○				○	○
64	ハンドテニス		○				○	○
65	けまりバレー	○	○	○		○	○	
66	うちわでバレー		○				○	○
67	連続ボール回し	○	○				○	○
68	PK（サッカー）	○	○				○	○
69	3on3ポートボール		○				○	○
70	ペーパーボールDEカップイン	○	○				○	
71	ペットボトル倒し			○			○	
72	ペットボトルモルック					○	○	
73	宝集め（7ボウルズ）	○	○	○			○	
74	竹馬	○			○		○	
75	フラフープあそび				○	○		
76	棒チェンジ		○				○	○
77	一輪車				○		○	
78	スポーツスタッキング（3-3-3）						○	○
79	スラックレール	○			○		○	
80	すもうあそび（手押し・尻）	○	○		○		○	
81	ペアタッチ		○				○	○
82	バランスくずし		○		○		○	
83	反対シグナル		○					○
84	レジ袋あそび			○			○	○
85	フラフープ取り		○					○
86	木とリス						○	
87	人間知恵の輪					○	○	
88	なべなべそこぬけ	○				○	○	
89	あんたがたどこさ	○			○		○	
90	花いちもんめ	○					○	
91	かごめかごめ	○					○	
92	あぶくたった	○	○				○	
93	なわとび歌「おじょうさん」	○		○	○		○	
94	おしくらまんじゅう	○	○	○			○	
95	ケッタ（高知）	○	○					○
96	名前呼び（新潟）	○						
97	スティック鬼（オリジナル）		○				○	○
98	吉四六さんの天のぼり（大分）	○	○		○		○	○
99	へびのしっぽつかみ（大分）			○				○
100	ジャングルボルダリング（オリジナル）	○			○	○		
101	のぼり棒だるまさんがころんだ(広島)	○	○	○	○	○	○	○
102	だいげん（大阪）		○		○		○	○
103	ドッジモー（高知）		○				○	○
104	ウサギとイヌ（南アフリカ）		○				○	○
105	パンタランタン（フィリピン）					○	○	○
106	しっぽ食いへび（中国）	○					○	○
107	ブウン・ブウン（フィリピン）	○					○	○
108	ホウバパンデイラ（ブラジル）			○			○	○
109	ブラダ（ケニア）	○	○		○		○	
110	ペタンクあそび（フランス）						○	
111	バンブーダンス（フィリピン）				○		○	○

2章

7つの体力を高める！
運動あそび

111

1 だるまさんがころんだ

対象人数：5人～

筋力	瞬発力	持久力	平衡性	柔軟性	協応性	敏捷性

「だるまさんがころんだ」という鬼の声に合わせて動いたり止まったりします。どんどん鬼に近づくときのドキドキ感が楽しいあそびです。

Check!
鬼はじゃんけんで決める。

Check!
叫ぶときは基点（木や壁）のほうを向き，叫び終わったら振り向く。

Check!
動いたら鬼に名前を呼ばれて鬼と手をつなぐ。

❶鬼を１人決め，子は15mほど離れたスタートラインに一列に並ぶ。

❷鬼の「始めの第一歩！」の合図で，子は大股で１歩進む。

❸鬼は「だるまさんがころんだ」と大声で叫ぶ→振り向くを繰り返す。

❹子は鬼が振り向くまでの間に鬼に近づき，鬼が振り向いたら止まる。

❺鬼と子がつないだ手を「切った！」と言って払うと，全員の子がスタートラインのほうへ向かって走り，鬼は「ストップ」と言って止める。

❻鬼は決められた歩数だけ動き，タッチされた人は次の鬼になる。

【アドバイス】

・鬼に捕まった人を助けるときは鬼に気付かれないよう少しずつ近づこう。

・鬼は動くときは大股で行くか，小股で行くかを考えて動こう。

> **体を動かすのが楽しくなる！あそびのポイント**
>
> ・鬼は叫ぶスピードを早くしたり遅くしたりなどの工夫をすると動きが広がります。
>
> ・止まるときのポーズ（片足立ちなど）を決めておくと動きに変化が出てきます。

（松田 綾子）

鬼ごっこ系

2 ふえ鬼

対象人数：3人〜

筋力	瞬発力	持久力	平衡性	柔軟性	協応性	敏捷性

鬼にタッチされると子が鬼になり，鬼が増え続ける鬼ごっこです。だんだんと鬼が増えるので，鬼には捕まえるチャンスがあり，子には大勢の鬼から逃げ切るスリルが楽しめるあそびです。

タッチ

こっちは鬼がいないぞ

Check!

「校庭内」など，範囲を決めて行う。

❶鬼を1人決める。鬼以外の人は子。

❷鬼が10数えている間に子は逃げる。

❸鬼が子にタッチしたら，その子も鬼となり子を追いかける。

❹子が全員タッチされたら鬼の勝ち。時間切れなどで逃げ切れた人がいる場合，逃げ切った子の勝ち。

【アドバイス】

・鬼は「赤帽子」，子は「白帽子」など，みんなが分かるようにしよう。

・遊ぶ人数が多い場合，最初の鬼の数を増やしてもいいね。

体を動かすのが楽しくなる！あそびのポイント

・異学年で行う場合，高学年は早歩きやスキップなど動きに制限を加えると楽しさが広がります。

・範囲を狭くしたり安全地帯を加えたりすると，より楽しくなります。

（岩城 節臣）

3 ペアタッチ氷鬼

対象人数：4人〜

筋力	瞬発力	持久力	平衡性	柔軟性	協応性	敏捷性

捕まって氷になっても2人が触れてくれたら溶けて動き出せる鬼ごっこです。
タッチされても再び復活するチャンスがあるので，最後まで全員で楽しめます。

❶じゃんけんで鬼を決める。人数が多い場合は複数人が鬼になる。

❷鬼が10秒数えている間に鬼以外の人は逃げる。

❸鬼にタッチされたらその場に氷となって止まる。

❹鬼以外の2人が同時に氷に触れたら再び動き出すことができる。

❺全員を氷にすることができたら鬼の勝ち。

【アドバイス】

・全体を見て，溶かしに行く氷を協力して決めよう。

・鬼は溶かされる前にどんどん氷にしていこう。

体を動かすのが楽しくなる！あそびのポイント

・3人触ったら氷が溶けるなど，溶かし方を変えると変化があって楽しくなります。

・鬼の数を（下学年・少なく，上学年・多く等）変えると，年齢や人数問わず楽しめます。

（古屋 佑奈）

18

4 バナナ鬼

対象人数：5人〜

筋力	瞬発力	持久力	平衡性	柔軟性	協応性	敏捷性

鬼にタッチされたらバナナになってしまう鬼ごっこです。
バナナになったり，バナナの皮をむいて助けたりすることが楽しいあそびです。

❶鬼を決め，鬼は10数えたら，みんなを追いかけタッチしにいく（人数によって鬼の数を決める）。

❷逃げている人は，鬼にタッチされたらバナナのまねをしその場に止まる。

❸タッチされていない人は，バナナになっている人の上げている両手を下ろし皮をむいて助ける。両手をむかれたら，再び逃げられる。

❹鬼が全員をタッチし，バナナにすると終わり。

【アドバイス】

・捕まった人がいないか，周りをよく見て動こう。

・捕まったら「助けて〜」と大きな声で叫んで助けてもらおう。

体を動かすのが楽しくなる！あそびのポイント

・バナナの他にも，スイカや猫などアレンジすると違った動きで楽しめます（スイカは，タッチされると丸くなり，助けるときは，「パッカーン」と言って助けます）。

・仲間を助けるときに，助ける人が合い言葉（「ムキムキ」など）や方法（バナナの皮をむく動きをするなど）を決めておくと楽しいです。

(中屋 浩典)

5 手つなぎ鬼

対象人数：4人〜

筋力	瞬発力	持久力	平衡性	柔軟性	協応性	敏捷性

鬼にタッチされた子は，鬼と手をつなぎ，子を追いかける鬼ごっこ。通常の増やし鬼の楽しさに加え，鬼同士で作戦を立てたり協力したりする楽しさも味わえるあそびです。

Check!

「トラック内」など，
範囲を決めて行う。

❶鬼を1〜4人決め，鬼は通常の増やし鬼のように子をタッチする。

❷鬼が子にタッチしたら，その子は鬼となり鬼と手をつないで子を追いかける。

❸子が全員タッチされたら鬼の勝ち。時間切れなどで逃げ切れた人がいる場合，逃げ切った子の勝ち。

【アドバイス】

・鬼が4人以上になったら2人ずつや，5人のときは2人と3人に分裂できるルールを追加してもいいね。

・鬼同士で作戦を立てたり協力したりして，子を追い込もう。

> **体を動かすのが楽しくなる！あそびのポイント**
> ・範囲を狭くしたり制限時間を加えたりすると，より楽しくなります。
> ・初めから鬼も子もペアで手をつないで行うと状況を変えて楽しめます。

（岩城 節臣）

6 手放し鬼

対象人数：5人〜

筋力	瞬発力	持久力	平衡性	柔軟性	協応性	敏捷性

手つなぎ鬼と逆で，逃げる側が手をつないで参加します。鬼は普通に走ってタッチします。タッチされたら，手を放して鬼になる，鬼有利の鬼ごっこです。

Check!
子は手をつないで逃げる。

Check!
鬼は1人で，手をつないだ2人組を追いかける。

❶逃げる側は2人組（人数が合わなければ3人も可）になり，手をつなぐ。

❷鬼は，手をつないでいる2人組を追いかける。

❸鬼にタッチされたら，手を放して鬼になる。

❹全員が鬼になったら終了。

【アドバイス】

・手をつなぐと走りにくいから，声をかけ合って早く逃げよう。

・走るのが苦手な人でも捕まえやすいよ。頑張って追いかけよう。

体を動かすのが楽しくなる！あそびのポイント

・異学年交流などで，走力差がある場合でも「逃げる・捕まえる」楽しさを味わえます。

・全員白帽子でスタートし，1人がタッチされたら赤帽子に変え，2人とも赤帽子になったら鬼になる，という追加ルールも盛り上がります。

（熊野 昌彦）

1 かげふみ鬼

対象人数：2人～

筋力	瞬発力	持久力	平衡性	柔軟性	協応性	敏捷性

天気がよければ，準備物がいらずどこでもできるあそびです。朝登校後の休み時間が，一番影が長くなってより楽しむことができます。

あっ！ ふんだ！

Check!

範囲を決めるときに影があると休める。

1. 2. 3. 4…

Check!

捕まえるとき

❶遊びをする場所（範囲）を決め，鬼を1人決める。

❷他の人は，鬼に影を踏まれないように逃げる。

❸鬼に影を踏まれた人は鬼と交代する。鬼は10数えてから追いかける。

❹鬼に影を踏まれそうになったら，木や建物の影など，自分の影ができないところに逃げることもできる。ただし，10数える間に日なたに出なければアウトとなり，鬼と交代する。

【アドバイス】

・新しく鬼になる人は，大きな声で10数えてみんなに交代を知らせよう。

・逃げる人は疲れてきたら，日影を有効に使おう。

体を動かすのが楽しくなる！あそびのポイント

・学年によって鬼が踏む部分を，頭や足などに限定するとあそびが広がります。

・遊びの場所を変えたり，鬼の数を変えたりすると，あそびの楽しさも変わってきます。

（岩崎　敬）

鬼ごっこ系

8 色鬼

対象人数：4人〜

筋力	瞬発力	持久力	平衡性	柔軟性	協応性	敏捷性

鬼が言った色に触れば，鬼はタッチができなくなる鬼ごっこです。
色を探して走り回りながら，鬼から逃げるところが楽しいあそびです。

❶鬼を決める。子は「いーろーいーろーなーにーいろ？」と聞き，鬼は「○
　○色」と色を答え10数えたら，鬼は追いかけタッチしにいく。

❷子は鬼に捕まらないように，鬼が言った色を探しながら逃げる。

❸鬼が言った色を触っていたらセーフ。全員が触っていたら，鬼はさっきと
　違う色を言う。

❹鬼がタッチすると鬼を交代する。

【アドバイス】

・鬼は，みんなが見つけにくい色を探してすぐタッチしにいこう。

・子は，色のある場所を仲間に大きな声で教えてあげよう。

体を動かすのが楽しくなる！あそびのポイント

・子は同じ場所に１人までにすると，いろいろ探し回って楽しくなります。

・鬼は見つけやすい色や見つけにくい色など，周りを見て色を考えるとより楽し
　くなります。

（中屋 浩典）

9 高鬼

対象人数：4人〜

筋力	瞬発力	持久力	平衡性	柔軟性	協応性	敏捷性

通常の鬼ごっこに，高所だと鬼に捕まらないというルールを加えたあそびです。鬼の動きを見ながら，場所を移り変えていく判断力が試されます。

❶鬼を決め，他の人は鬼（地面）よりも高い場所に逃げる。

❷鬼よりも高い位置にいる限り鬼に捕まることはないが，通常，1か所の高いところには規定の時間（例：10秒）しかいられない。

【アドバイス】

・すぐに他の場所に移動できるよう，上り下りしやすい場所を選ぼう。

・鬼は，みんなが次にどこに移動するかを考えながら追いかけると，捕まえやすくなるよ。

体を動かすのが楽しくなる！あそびのポイント

・高所でも鬼がそこに登らずに手が届く場合は捕まえられるルールにすると，よりスリリングに楽しめます。

・高いところにいても鬼が静止して10秒数えたら，高い場所も登れるというルールにすれば，上下の動きも加わり，楽しさが増します。

（井上 貴臣）

鬼ごっこ系

10 島鬼

対象人数：3人～

筋力	瞬発力	持久力	平衡性	柔軟性	協応性	敏捷性

島を行き来しながら，鬼に捕まらないように逃げるあそびです。鬼は島の中に入ることができません。島への出入りの駆け引きが面白いあそびです。

Check!
島の大きさや数は参加している人数に応じてつくるとよい。

Check!
運動場にラインを引いたりロープでつくっておいたり，アスファルトにペンキで作成しておくとよい。

❶地面にいろいろな大きさや形の島を描く。

❷鬼になる人を決める。

❸島を移動している間にタッチされたら，鬼を交代する。

❹鬼は島の中には入れない。

【アドバイス】

・子が島の中から出てこないときは，「10秒ルール」「手を伸ばしてタッチあり」など，あそびが活性化するルールを追加しよう。

・子は鬼の隙を突いて島から島へ移動しよう。

体を動かすのが楽しくなる！あそびのポイント

・人数が多いときは，鬼の数を増やす，島の距離を離すなど工夫します。

・ケンケンや走り方を限定するとさらに動きが広がります。

・集まった人で遊んでいけば，異学年の交流にもつながります。

（永末 大輔）

11 しっぽだらけ鬼

対象人数：3人〜

筋力	瞬発力	持久力	平衡性	柔軟性	協応性	敏捷性

しっぽを取ったらそのしっぽを自分につけてしっぽを増やしていく鬼ごっこです。しっぽが増えていくと取られやすくなるので，取るほうも取られるほうも楽しめるあそびです。

Check!

・一度に取っていいのは1本まで。
・取ったしっぽをつけている間は，その人のしっぽは取ってはいけない。

❶全員がスズランテープなどでつくったしっぽを腰につける。

❷スタートの合図で，お互いにしっぽを取り合う。

❸他の人からしっぽを取ったら自分の腰につける。

❹全部しっぽがなくなっても続けてしっぽを取りにいく。

❺最後にしっぽをたくさん持っていた人が勝ち。

【アドバイス】

・たくさんしっぽを持っている人のしっぽを取りにいこう。

・しっぽがなくなってもどんどんしっぽをねらいにいこう。

体を動かすのが楽しくなる！あそびのポイント

・しっぽを取られても最後まで全員が鬼ごっこに参加でき楽しめます。

・チーム戦にすると，本数を競い合ったり仲間と協力する楽しさを味わえます。

（古屋 佑奈）

12 ドロケイ

対象人数：6人〜

筋力	瞬発力	持久力	平衡性	柔軟性	協応性	敏捷性

警察（鬼）と泥棒（子）に分かれてチームで競い合う鬼ごっこです。逃げたり追いかけたり捕まったり，警察と泥棒はそれぞれチームと考えて，足の速さだけでなくチーム内で役割を決めながらの作戦が鍵になる鬼ごっこです。

❶警察（鬼）と泥棒（子）の2つに分かれる。泥棒が捕まったときに入るろうやの場所を決める。

❷警察が10秒数えている間に泥棒は逃げる。

❸警察にタッチされた泥棒はろうやに入る。仲間にタッチされた泥棒はろうやから逃げることができる。これを繰り返していく。

❹泥棒全員をろうやに入れることができたら警察の勝ち。

【アドバイス】

・警察は，泥棒がろうやに入ったら，ろうやを守る人と泥棒を捕まえる人に役割分担しよう。

・泥棒は，誰がろうやにいる仲間を助けに行くのか声をかけ合おう。

体を動かすのが楽しくなる！あそびのポイント

・泥棒と警察の数や制限時間などで調整して遊ぶといいでしょう。

・泥棒の何人かに宝（ボールなど）を持たせ，制限時間内で宝を持っている泥棒が何人ろうやに入っているかで点数を決める追加ルールも盛り上がります。

（古屋 佑奈）

13 巴鬼

対象人数：6人〜

筋力	瞬発力	持久力	平衡性	柔軟性	協応性	敏捷性

２つのチームに分かれ，そこで３つの役割を決めてチーム対抗で遊びます。
追いかけたり，逃げたりすることが楽しいあそびです。

帽子なし

赤帽子　　　　　白帽子

Check!

人数に合わせて，どこからどこまで走れるかを決める。
あまり大きすぎない，12〜16m四方ぐらいがよい。

❶２つのチームをつくる。

❷地面に陣地の円を描く。フラフープなどを用意してもよい。

❸チームを３つに分ける。（例）じゃんけんのグー・チョキ・パーに分け，
　お互いにグーはチョキ，パーはグー，チョキはパーを捕まえに行く。

❹捕まったら敵の陣地に入り，味方がタッチしてくれたら復活する。

❺時間を決めて，捕まっていない人数が多いチームが勝ち。

【アドバイス】

・周りの敵を見て，どこに捕まえる相手と逃げる相手がいるのか確認しなが
　ら，追う意識と逃げる意識を両方もって動こう。

体を動かすのが楽しくなる！あそびのポイント

・チームで互いに声をかけ合うと，動きの判断がしやすく俊敏に動けます。
・チームで作戦を立ててから始めるなど，チームで連携した動きを取ると楽しさ
　が増します。

（井上　貴臣）

14 ボール当て鬼

対象人数：3人〜

筋力	瞬発力	持久力	平衡性	柔軟性	協応性	敏捷性

ボールでタッチできる鬼ごっこです。キャッチできたら鬼にならずに済みます。
足の速さだけでなく，ボール操作が鍵になる鬼ごっこです。

Check!
ボールが当たれば
鬼が交代する。

Check!
ボールを捕球できれば，鬼に
ならずに済む。捕ったボール
はできるだけ遠くへ投げよう。

❶鬼はボールを持って，子を追いかける。

❷鬼が投げたボールが捕球されずに子に当たったら，鬼は交代する。

❸子がボールを捕球したら，鬼にはならない。

❹捕球した子は，ボールを遠くへ投げ，鬼に取りに行かせる。

【アドバイス】

・鬼は，捕りにくい場所をねらって投げよう。

・キャッチできるように，追いつかれたら正面で受けよう。

体を動かすのが楽しくなる！あそびのポイント

・逃げられる範囲の制限や，安全地帯（逃げ込めば当てられない場所）の設定，
　ボールを増やすなどのルール追加により，さらに楽しくなります。

・鬼が交代したら，鬼はボールを空中に10回投げてキャッチしてから追いかける
　などルールを決めておくとよいでしょう。

（熊野　昌彦）

15 ろくむし

対象人数7人〜

筋力	瞬発力	持久力	平衡性	柔軟性	協応性	敏捷性

鬼が投げるボールを避けながら，２つの円を６往復します。ボールをかわしながらみんなで鬼から逃げるところに楽しさやスリルがあります。

Check!

鬼はコート内を自由に動き回ってよい。

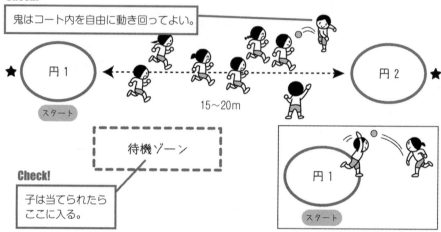

Check!

子は当てられたらここに入る。

❶子は円１からスタートする。鬼が投げたボールを子が手で打って始める。

❷円の中は安全地帯。一旦出ると反対の円に着くまで元の円には戻れない。

❸子が円から出なくなったら，鬼は円の後ろ（★の位置）で，頭上にボールを投げる。子は，鬼が６回投げるまでに，その円から出なければいけない。

❹６往復できたら「ろくむし」となり，子の勝ち。子が全員アウトになったら鬼の勝ちで，初めにアウトになった２人が次の鬼になる。

❺円に入ったら「○むし」という。「５むし半」は大きな声で言おう。

【アドバイス】

・子はみんなで同時に動いたり，いろんな方向へ動いたりして逃げよう。

・鬼は，投げるふりやボールを取ったら素早く投げて当てよう。

体を動かすのが楽しくなる！あそびのポイント

・子は，みんなで作戦を考えてから始めると楽しくなります。

・当てられたら鬼になるルールにすると，鬼の数が増え，ドキドキして楽しさが増します。

（藤井　朋樹）

16 Sケン

対象人数：8人～20人程度

筋力	瞬発力	持久力	平衡性	柔軟性	協応性	敏捷性

2チームに分かれ，S字の陣地にて，相手の宝を奪うと勝ちになります。仲間と協力して攻めたり守ったり，作戦を立てたりすることで楽しむことができます。

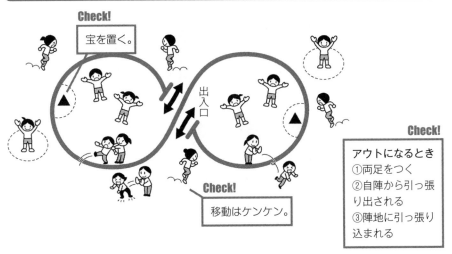

Check!
宝を置く。

出入口

Check!
移動はケンケン。

Check!
アウトになるとき
①両足をつく
②自陣から引っ張り出される
③陣地に引っ張り込まれる

❶開始の合図で，出入口から出陣し相手陣地に攻め込む。自陣と島以外はケンケンで移動する。

❷相手より先に▲印に置いた宝を奪うと「勝ち」。

❸自陣と島以外で両足をついたらアウト。アウトになったら，自分の陣地に戻りやり直す。

❹ラインを超えなければ，相手を押したり引っ張りこんでもよい。

【アドバイス】

・相手の出入り口近くの島を占領しよう。

・誰が攻めて誰が守るか，みんなで役割を決めて作戦を立てよう。

体を動かすのが楽しくなる！あそびのポイント

・押したり引っ張ったりする代わりに，片手タッチのルールにすると相手をアウトにしやすく楽しくなります。

・ケンケンができない人がいるときは，最初は両足をついてOKにするとみんなが楽しくなります。

（藤井 朋樹）

17 ところてん鬼

対象人数：4人～

筋力	瞬発力	持久力	平衡性	柔軟性	協応性	敏捷性

鬼と逃げる人を決め，他の人は横一列になった2～3人組に分かれます。逃げる人が横一列の端に来たら，列の反対側の人が押し出されて鬼から逃げます。逃げる子と鬼がめまぐるしく変わるエンドレスな鬼ごっこです。

Check!

反対側に並んだので，この人が逃げることになる。

Check!

活動範囲は，走ってぶつからない広さがよい。

❶鬼と逃げる人を1人ずつ決める。

❷残りの人は2～3人グループをつくって離れて立ち，列になる（横一列に立つ）。

❸逃げる人がどこかの列の端に並ぶと，反対側の端の人が押し出され，逃げる人になる。

❹鬼が逃げる人を列につく前にタッチすれば，その場で鬼と逃げる人は交代する。（終わりのない鬼ごっこなので，鬼が疲れてきたら代わることもある）

【アドバイス】

・列に並んでいる人は，鬼だけでなく，逃げる人の動きもよく見よう。

・鬼は，どの人が押し出されるのかよく見て，タッチしにいこう。

体を動かすのが楽しくなる！あそびのポイント

・鬼の人数を増やしたり，並んだ姿勢（座る等）を変えたりすると難しさが増し楽しくなります。

・列を2人にしたり間隔を広げるとよりたくさん体を動かすことになります。

（辻 真弘）

鬼ごっこ系

18 ねことねずみ

対象人数：3人〜

筋力	瞬発力	持久力	平衡性	柔軟性	協応性	敏捷性

「ねこ！」「ねずみ！」という声で逃げたり追ったりします。声を聞いて追ったり逃げたりすることが楽しいあそびです。

ねーねねね
ネズミ！

❶ラインを挟んで2列に並び、1列を「ねこ」、もう1列を「ねずみ」と決める。

❷声かけ役の子どもが「ねーねねねねこ！」と言ったら、ねこの子どもが逃げ、ねずみの子どもが追う。「ねずみ」の場合はその逆となる。

❸一定のラインまで逃げ切ったら逃げた子どもの勝ち、ラインに到達する前にタッチしたら追った子どもの勝ちとなる。

【アドバイス】

・「ねこ」「ねずみ」の声にすぐ反応して、全力で走ろう。

・後ろを見ずに、走り出しは腕をよく振って走ろう。

体を動かすのが楽しくなる！あそびのポイント

・じゃんけんで「勝ったら逃げる」「負けたら逃げる」など条件を変えると判断を間違うことがあるのでハプニングが生まれて楽しいです。

・「ゴリラとゴジラ」など、言い方を変えると同じ遊びでも飽きずに楽しめます。

（小林 治雄）

19 ことろことろ

対象人数：4人〜

筋力	瞬発力	持久力	平衡性	柔軟性	協応性	敏捷性

鬼が子を襲う，親が子を守る遊びです。何人でも連なって逃げたり，鬼は追いかけたりすることが楽しめる日本最古の鬼ごっこあそびの１つです。

Check!

鬼が最後尾の子をタッチしに行く。親と後ろの子はタッチされないように回り込んで逃げる。

Check!

親は手を広げて守ってもよい。

❶鬼を１人，親を１人決める，あとは親の後ろに子としてつながる。

❷合図とともに鬼が子を追いかける。

❸鬼が一番後ろの子にタッチできたら鬼の勝ち。

❹先頭の親と子が協力して逃げることができれば親子の勝ち。

【アドバイス】

・鬼は右に左に動き子の列を乱してチャンスをつくろう。

・親は鬼から逃げないで立ち向かっていこう。

体を動かすのが楽しくなる！あそびのポイント

・時間（10秒程度）を決めて逃げ切るチャンスをつくると，さらに楽しくなります。

・子の人数を増やすと鬼がタッチしにくくなり，守りやすくなります。

（澤 宜英）

20 田んぼ（十字鬼）

対象人数：4人〜

筋力	**瞬発力**	持久力	平衡性	柔軟性	協応性	**敏捷性**

田の字（十字）を踏まないで，四角の中を鬼から逃げるように移動していくあそびです。鬼の動きを見ながら，進むタイミングやスペースを瞬時に考えます。

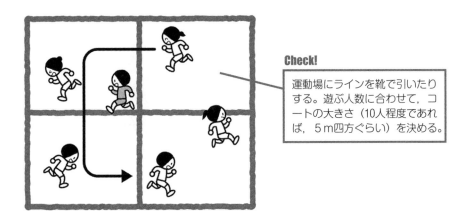

Check!

運動場にラインを靴で引いたりする。遊ぶ人数に合わせて，コートの大きさ（10人程度であれば，5 m四方ぐらい）を決める。

❶鬼は十字の上，子は四角の中へ入る。

❷スタートの合図で，子は十字以外の四角の中を左回りで周回する。

❸鬼にタッチされた子は，鬼に変わる。

❹鬼にタッチされず，決められた周回（例えば10周）を走り抜けられた子が勝ち。

【アドバイス】

・鬼の動きをよく見ながら，空いているスペースを見つけて走り抜けよう。

・鬼は素早く動いて（サイドステップなど）子を追いつめよう。

体を動かすのが楽しくなる！あそびのポイント

・コートの大きさや形状，鬼の数，走り方など，ルールを変えるとより楽しめます。

・鬼を四角の外側も動けるようにするとよりスリリングになります。

（井上 貴臣）

21 サークル鬼

対象人数：2人

筋力	瞬発力	持久力	平衡性	柔軟性	協応性	敏捷性

円と直径の線上でしっぽ取りをします。鬼（追い）と子（逃げ）で，取る取らせないの競い合いを楽しむあそびです。円を大きくすると子が有利に，小さくすると鬼が有利になるので，誰とでも競い合うことができます。

直径の線を使って
相手の逆をねらうぞ!!

あぶない!!
逆に切り返しだ!!

Check!

基本は直径４ｍの円，
３ｍや５ｍなど，複
数あるとよい。
事前にラインを引く。

Check!

しっぽはスズラン
テープ，長さは70
～100cm。

❶鬼と子を決める。子はしっぽをつける。

❷スタート位置（直径の線を挟んで向かい合う）につく。

❸合図でゲームスタート。鬼と子ともに線上だけを移動する。

❹鬼は子のしっぽを取れたら勝ち，子は15秒間逃げ切れたら勝ち。

【アドバイス】

・鬼と子で話し合って場（円の大きさ）の選択をしよう。

・円と直径の線を使い分けて，逃げたり追いかけたりしよう。

> **体を動かすのが楽しくなる！あそびのポイント**
>
> ・しっぽを長くすると，素早い動きや腰を捻る動きにつながります。
>
> ・「線を加えて『田』の字の場」にするなど，楽しさを広げることができます。
>
> ・いろいろな円の大きさを設定することで，異学年でも競い合いを楽しむことができます。

（岩城 節臣）

22 ジャングル鬼

対象人数：4人～

筋力	瞬発力	持久力	平衡性	柔軟性	協応性	敏捷性

ジャングルジム内での鬼ごっこです。限られたスペースで巧みに遊具をかいくぐりながら素早く動く楽しさがあります。

❶代わり鬼の1つである。鬼を1人決め，逃げ手は，ジャングルジムを登りながら，または，触れながら地面上を動く。

【アドバイス】

・ジャングルジムの通る高さや幅に合わせて，登ったり，しゃがんだり，曲がったりして，うまく逃げよう（追いかけよう）。

・慌てすぎて，落ちないよう・頭をぶつけないように注意深く，でも鬼に捕まらないように素早く逃げよう（追いかけよう）。

体を動かすのが楽しくなる！あそびのポイント

・地面に足がついたらアウトとし，ジャングルジム上だけのルールにすると，バランス感覚が一層求められ，楽しさが増します。

・鬼を2人にすると（地面上有り），より素早く動く必要があり，ハラハラドキドキ感が楽しめます。

（井上 貴臣）

23 かくれんぼ

対象人数：2人〜

筋力	瞬発力	持久力	平衡性	柔軟性	協応性	敏捷性

隠れる人は鬼に見つからないように隠れます。鬼は全員見つけたら鬼を交代します。昔から親しまれているあそびで，どこにいるか探すことと見つからないように隠れることが楽しいあそびです。

❶じゃんけんで鬼を1人決める。隠れる範囲も決める。

❷鬼が柱で目をつむり「30」数える間に隠れる。数えたら探しに行く。

❸鬼は見つけたら「〜〜見つけた」といって柱にタッチする。見つかった人は柱で待つ。鬼より先に柱にタッチしたらセーフでまたやり直す。鬼が全員見つけたら，最初に見つかった人が鬼になる。

【アドバイス】

・隠れる人は鬼の動きをよく見て，お互いに協力して隠れよう。

・鬼は，見つかりにくい場所をよく探し，探したら名前を呼んで，すぐにタッチしにいこう。

体を動かすのが楽しくなる！あそびのポイント

・隠れる場所がいろいろあるところで行うと場所を選ぶことができて楽しくなります。

・鬼の人数を増やしていくと，隠れるのが難しくなり面白さが増します。

（辻 真弘）

24 逆かくれんぼ

対象人数：5人〜

筋力	瞬発力	持久力	平衡性	柔軟性	協応性	敏捷性

普通のかくれんぼとは反対に，鬼が隠れます。鬼を見つけたら鬼と一緒に隠れます。人数に応じて隠れる場所を考えることも楽しいあそびです。

Check!

隠れるスペースがある程度確保できる場所がよい。

❶鬼1人，その他の人は子になる。

❷鬼が隠れる（隠れる時間は30秒程度）。

❸鬼を見つけた子は鬼と同じ場所に隠れ，鬼に変わる。

❹最後まで子だった人の負け。

❺最後まで子だった人が次の鬼になる。

【アドバイス】

・鬼を発見したら他の子にばれないようにこっそり隠れよう。

・子がたくさんになると隠れる場所が鬼でいっぱいになるので，どこに，どうやって隠れるか考えよう。

体を動かすのが楽しくなる！あそびのポイント

・制限時間を設けると，緊張感が高まり楽しめます。

・何回か繰り返し，最後まで子として残らなかった人がチャンピオンというルールにすると毎回の逆かくれんぼがつながります。

（永末 大輔）

25 隠れ鬼ごっこ

対象人数：4人〜

筋力	瞬発力	持久力	平衡性	柔軟性	協応性	敏捷性

かくれんぼと鬼ごっこを組み合わせた遊びです。鬼に見つかり，逃げ切れるかどうかのハラハラドキドキを味わうことができます。

見つけた！

❶じゃんけんをして鬼を決める。

❷鬼は目隠しして10秒数える。鬼以外の子は，その間に隠れる。

❸鬼に見つかったら，タッチされないように走って逃げる。

❹タッチされると，鬼を交代する。みんなに鬼が変わったことを知らせ，10秒数えて再開する。これを何度も続ける。

【アドバイス】

・見つかってもすぐに逃げられるような場所に隠れよう。

・鬼は，隠れている人に気付かれないように探しに行こう。

体を動かすのが楽しくなる！あそびのポイント

・「同じ場所には複数で隠れない」「3回見つかったら，タッチされなくても鬼交代」等，条件を変えてみると，さらに面白くなります。

・壁や電灯の柱等，鬼の「弱点」を設定し，その場所にタッチされるともう一度10秒数えて再開するというルールを設定すると，鬼もハラハラドキドキを味わえ，さらに面白くなります。

（村上 雅之）

じゃんけん系

26 うずまきじゃんけん

対象人数：4人〜

筋力	瞬発力	持久力	平衡性	柔軟性	協応性	敏捷性

うずまきの中央と外からスタートして，出会ったらじゃんけんをします。最後まで勝敗が分からない，運も左右するあそびです。

Check!
幅1m程度

Check!
運動場にラインを引いたりロープでつくったり，アスファルトにペンキで作成しておくとよい。

❶2チームに分かれ，それぞれうずまきの中央と外の陣地に入る。

❷走る順番を決める。

❸合図で先頭の人がうず道を通って走り，出会ったところでじゃんけんをする。負けたチームの次の人は負けた時点でスタートする。

❹相手の陣地を踏んだチームの勝ち。

【アドバイス】

・負けた人は，大きな声で「負けた〜」と味方に知らせよう。

・負けた人はすぐにコースから外に出て，次の人はすぐスタートしよう。

体を動かすのが楽しくなる！あそびのポイント

・人数が多いときは，2人組の列車になると待つ時間が少なく楽しくなります。

・ケンケンや走り方の工夫をするとさらに動きが広がります。

・集まった人で遊んでいけば，異学年の交流にもつながります。

(山﨑 功一)

27 ケンパーじゃんけん

対象人数：4人〜

筋力	瞬発力	持久力	平衡性	柔軟性	協応性	敏捷性

フープ，もしくは地面に輪っかを描いて，片足跳び（ケン）と両足跳び（パー）で楽しむあそびです。じゃんけんに勝つと前に進めるところと，攻められていてもじゃんけん1つで一気に展開が変わるところが楽しいあそびです。

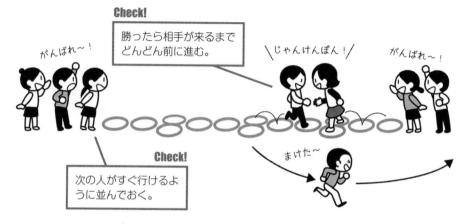

Check!
勝ったら相手が来るまでどんどん前に進む。

がんばれ〜！

じゃんけんぽん！

がんばれ〜！

Check!
次の人がすぐ行けるように並んでおく。

まけた〜

❶フープを1つもしくは2つずつ並べ，ケンとパーができる場をつくる。

❷2チームに分かれ，フープの両端に並ぶ。

❸「始め」の合図でケンかパーで進み，相手と出会ったらじゃんけんをする。勝った場合はそのまま進み，負けた場合はフープから出て次の人が前に進む。

❹バランスを崩してフープから足が出てしまったら，次の人と交代。

❺先に相手の陣地に着いたチームの勝ち。

【アドバイス】

・じゃんけんの勝ち負けはみんなに分かるように大きな声で伝えよう。

・ケンパーは，体を弾ませながらリズムよくつま先で進もう。

体を動かすのが楽しくなる！あそびのポイント

・自分のリズムで口伴奏すると，確実に前に進めます。

・ケンパー（フープ）の並びを変えると，違った楽しさが味わえます。

（岩﨑 敬）

28 ドンじゃんけん

対象人数：4人～

筋力	瞬発力	持久力	平衡性	柔軟性	協応性	敏捷性

スタートして相手と向かい合ったらジャンケンをします。勝ったら進み負けたら同じチームの友達に声をかけるなど，友達と協力することが楽しいあそびです。

❶2チームに分かれ，コースの両端に並ぶ。スタートの合図で，各チームの1人目が走り出す。

❷コースの途中で会ったら，じゃんけんをする。勝ったら，相手チームの陣地に向かって進む。負けたら，自分のチームの次の人に「ゴー！」と声をかけ，次の人が走り出す。

❸じゃんけんに勝ち，相手チームの陣地にあるマーク（ラインやコーンなど）を踏んだり，タッチしたりしたら勝ちとなる。

【アドバイス】

・じゃんけんに勝ったら，すぐにダッシュして先に進もう。

・じゃんけんに負けたら，すぐ次の人に「ゴー！」と声をかけ，すぐに陣地に戻ろう。

> **体を動かすのが楽しくなる！あそびのポイント**
> ・グラウンドの直線やコーナー，渦巻きラインなどコースを変えると面白いです。
> ・男女混合などいろいろな友達を入れて遊ぶと楽しさがアップします。

（小林 治雄）

29 グリコじゃんけん

対象人数：3人～

筋力	瞬発力	持久力	平衡性	柔軟性	協応性	敏捷性

じゃんけんをして何を出して勝ったかで，進める歩数が変わります。どっちが勝つか分からないじゃんけんによって誰でも楽しく遊べます。

❶2人組をつくってじゃんけんをする。

❷グーで勝ったら「グリコ」で3歩，チョキで勝ったら「チヨコレイト」で6歩，パーで勝ったら「パイナツプル」で6歩進む。

❸ゴールラインまで行ったら1点。ゴールまで行ったら折り返して（片道15～20m程度）スタートラインに戻ったらもう1点。「終わり」の合図の時点で得点の多いほうが勝ちとなる。

【アドバイス】

・足の運びがスムーズになるように，膝を前に出して大股で進もう。

・勢いが足りないから，もっと腕を大きく振ってスピードを出そう。

体を動かすのが楽しくなる！あそびのポイント

・じゃんけんという偶然性があるため，男女，学年関係なく楽しむことができます。

・「最後の1歩で両足着地をしなかったら，元の場所に戻る」とすると安全に楽しく遊ぶことができます。

（小林 治雄）

じゃんけん系

30 おんぶじゃんけん

対象人数：4人～

筋力	瞬発力	持久力	平衡性	柔軟性	協応性	敏捷性

じゃんけんに負けた人が，勝った人をおんぶする遊びです。じゃんけん1つで，勝つと楽になり，負けるときつくなるところに楽しさがあります。

Check!
負けたほうがおんぶをする。

Check!
負けたらきついほうをする。

❶2人組になってじゃんけんして，負けた人は勝った人をおんぶする。

❷おんぶしたまま移動して，他の2人組を見つける。

❸おんぶされている人同士がじゃんけんをする。負けた2人組が勝った2人組をおんぶし，それぞれの組が次のじゃんけんの相手を探す。

【アドバイス】

・おんぶする人はきつくならないように，素早く相手を見つけてじゃんけんしよう。

・おんぶされる人は，落ちないように胸や腹を密着しておんぶする人の腕の負担を軽くしよう。

体を動かすのが楽しくなる！あそびのポイント

・負けた2人組はどこかを折り返してくるなどバリエーションを増やすと，飽きずに楽しめます。

・室内であれば，四つん這いじゃんけん，手押し車じゃんけんをすると違うドキドキ感を楽しめます。

（岩﨑 敬）

31 からだじゃんけん

対象人数：2人〜

筋力	瞬発力	持久力	平衡性	柔軟性	協応性	敏捷性

体を使ったじゃんけん。一般的なじゃんけんよりも，全身を使って遊ぶことができるので，心と体を開放して楽しむことができます。

❶2人組，またはリーダー（1人）対複数人のグループをつくる。

❷「最初はグー（グーのポーズ），じゃんけん（大きくジャンプ），ぽん！」で，全身を使ってグー・チョキ・パーのポーズを取る。

❸勝負がつくまで繰り返す。

【アドバイス】

・お互いのポーズが分かるように，思いきりポーズを取ろう。

・指先や全身を使ってオリジナルのグー・チョキ・パーを考えよう。

体を動かすのが楽しくなる！あそびのポイント

・「3回勝負」「連続〇回で勝ち」など条件を加えると，より楽しめます。

・模倣でポーズを決めると楽しさが広がります。例えばパーはワカメ，チョキはカニ，グーは山など。

・集まった人で遊んでいけば，異学年の交流にもつながります。

(岩城 節臣)

32 巨人のじゃんけん

対象人数：4人〜

筋力	瞬発力	持久力	平衡性	柔軟性	協応性	敏捷性

巨人の手になりきって，チームで行うじゃんけんです。1回ごとに相談して何を出すか決めるので緊張感が高まり，勝ったときの喜びも大きくなります。

❶全員で協力してグー・チョキ・パーをどう表現するかを決めておく。

（例）パー：手を上げ全員立つ，チョキ：2人だけ立つ，グー：全員しゃがみ，小さくなる。など

❷チームでそれぞれ何を出すか決めたら，向かい合う。

❸「じゃんけん！」「ポン！」のかけ声でそれぞれ決めていたものを出す。

❹先に2勝したチームの勝ち。

【アドバイス】

・始める前に，グー・チョキ・パーの動きを試してみよう。

・大きな動きで，相手チームに分かりやすく見せよう。

体を動かすのが楽しくなる！あそびのポイント

・チーム戦の前に，どう動くとよいか試しておくとスムーズです。

・チームの数を増やして，トーナメント戦にしても盛り上がります。

（熊野 昌彦）

33 新聞島じゃんけん

対象人数：2人〜

筋力	瞬発力	持久力	平衡性	柔軟性	協応性	敏捷性

じゃんけんに負けるたびに，新聞を折っていき，初めに乗っていられなくなった人の負けです。遊びながらバランス感覚を高めることができます。

Check!

負けるとどんどん足場が狭くなり，不利になる。

❶新聞紙1枚を広げて向かい合って立つ。

❷じゃんけんをし，負けたほうは新聞紙を半分に折る。

❸じゃんけんを続け，どちらかが新聞から落ちてしまったら負け。

【アドバイス】

・新聞が小さくなってきたら，片足で立とう。

・もう片方の手でバランスを取って，安定させよう。

体を動かすのが楽しくなる！あそびのポイント

・初めから片足，途中で折るときに新聞から下りてはいけないなどのルールを追加すると，より難しくなり，さらにバランス感覚を養えます。

・3人以上など人数を増やしたり，2人組で対戦などルールを変更したり，足でじゃんけんしたりと，様々なアレンジでどんどん楽しさが広がります。

（熊野　昌彦）

34 じゃんけん開脚

対象人数：2人〜

筋力	瞬発力	持久力	平衡性	柔軟性	協応性	敏捷性

じゃんけんで負けたほうが少しずつ開脚をしていきます。どちらかが開けなくなったり，足裏以外がついたりすると，残ったほうの勝ちです。

Check!

負けたほうは足を開いていく。

❶向かい合い，足を閉じて立つ。

❷じゃんけんをして，負けたほうは靴1つ分足を開く。

❸じゃんけんを続け，お互いにどんどん足を開いていく。

❹どちらかが開けなくなるか，足裏以外が床についたら，残ったほうの勝ち。

【アドバイス】

・両手を伸ばして，バランスを取ろう。

・息を吐きながら力を抜くと，柔らかく足を開きやすいよ。

体を動かすのが楽しくなる！あそびのポイント

・人数を増やしてチーム戦（1人ずつ代表が出て勝ち抜き戦など）にしたり，グリコのように○足分開くなどルール変更しても盛り上がります。

・同じ要領で足を前後に開くと，違う部位の柔軟性を高められます。

（熊野 昌彦）

35 進化じゃんけん

対象人数：3人〜

筋力	瞬発力	持久力	平衡性	柔軟性	協応性	敏捷性

じゃんけんをして勝てたらカメ→ウサギ→人へと進化していき，負けると退化します。人でじゃんけんを勝てたら勝ち抜けです。変化することが楽しくて面白いあそびです。

ウサギの子

人の子

カメの子

Check!

活動範囲は，子どもが動き回れる大きさがよい。

❶全員カメ（手足をつき，４本足で移動）からスタートする。

＊外などで手や膝をついて移動するのが痛い場合は，カメをひよこ（しゃがんで歩いて移動）に変えてもよい。

❷じゃんけんに勝つことができたら，勝つたびに，カメ→ウサギ（両足ジャンプで移動）→人（直立歩行）へと進化することができる。

❸じゃんけんに負けると，負けるたびに人→ウサギ→カメへと退化する。

❹人でじゃんけんして勝つことができたら，勝ち抜け。

【アドバイス】

・じゃんけんをする相手を早く見つけて，素早く動いてじゃんけんしよう。

体を動かすのが楽しくなる！あそびのポイント

・進化する生き物と動きを自分たちで考えると，より面白くなります。

・進化の状態で体全体を使ってじゃんけんをしても楽しさが増します。

・逆進化じゃんけん（人→ウサギ→カメ）にすると，変化があって楽しくなります。

（辻 真弘）

36 回転てつぼう（てつぼうあそび1）

対象人数：1人〜

筋力	瞬発力	持久力	平衡性	柔軟性	協応性	敏捷性

鉄棒を使っていろいろな回転で遊びます。縦に回転したり，横に回転したりすることで逆さまの感覚を味わえることが魅力です。

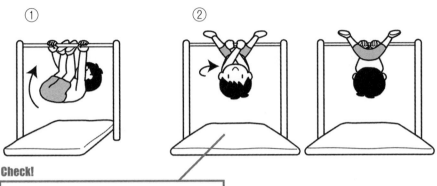

① ②

Check!

鉄棒の下にマットを敷くと，安心して遊べる。
人工芝や毛布を代用することもできる。

❶足抜き回りは，鉄棒を握りしゃがんだ状態でスタートし，足を曲げて，胸に引きつけるようにして回転する。

❷地球回りは，手を交差して鉄棒を握る。鉄棒に膝をかけ逆さまになり，膝を鉄棒から離して回転する。

【アドバイス】

・足の裏を鉄棒につけてみよう。最初は，片足ずつ足の裏をつけてみよう。（①）

・立った状態から膝をかけたり，しゃがんだ状態から膝をかけたりしてみよう。（②）

体を動かすのが楽しくなる！あそびのポイント

・連続で回転したり，足を鉄棒につかないように回転したりする等，動き方を変えてみるとさらに面白くなります。

・友達と回転するタイミングを合わせる，「シンクロ○○」に挑戦すると面白いです。

（村上 雅之）

37 てつぼうじゃんけん（てつぼうあそび2）

対象人数：2人〜

筋力	瞬発力	持久力	平衡性	柔軟性	協応性	敏捷性

いろいろな姿勢でじゃんけんをします。「勝てるかどうか」「いろいろな姿勢が
できるかどうか」のハラハラドキドキを味わうことができます。

Check!

鉄棒の下にマットを敷く
と，安心して遊べる。人
工芝や毛布を代用するこ
ともできる。

❶鉄棒でいろいろな逆さまのポーズになる。

❷隣の同じポーズの友達や地面にいる友達とじゃんけんをする。

❸勝ったらそのままじゃんけんを続ける。じゃんけんに負けたり，逆さまの
　姿勢が続けられなくなったりしたら交代。

❹長い時間逆さまにならないように，「3回勝ったらチャンピオンになって，
　次の友達と交代」というルールにするとよい。

【アドバイス】

・見ている友達が「じゃんけん，ポン！」と声をかけてあげよう。

・負けたらゆっくり鉄棒から降りよう。

体を動かすのが楽しくなる！あそびのポイント

・いろいろな逆さま（片足の膝だけ鉄棒にかける等）の姿勢で行うとバリエーシ
　ョンが増え，楽しくできます。

・「負けるが勝ち」「あいこで勝ち」など，じゃんけんの仕方を変えるとハラハラ
　ドキドキを味わいながら遊べます。

（村上　雅之）

固定遊具系

38 のぼり棒

対象人数：2人〜

筋力	瞬発力	持久力	平衡性	柔軟性	協応性	敏捷性

上まで登ったときに眺めのよい景色を見ることができます。スーッと降りてくるときの爽快感をたっぷり味わえる遊びです。

Check!
両手両足を使ってしっかり体を支える。

Check!
太ももを使って足に棒を絡めるとすべりにくい。

Check!
膝を曲げるとよい。

❶両手で棒にぶら下がる。（腕で体を支えられるとよい）

❷足の裏で棒をしっかりと挟む。（図の右側の子ども参照）

❸膝をゆっくりと伸ばして体を上に持ち上げ，片手ずつ少し上をつかむ。

❹手で棒をつかんだ状態で膝を曲げて足の裏で棒をつかみ直す。

❺❸〜❹を繰り返し，少しずつ上へ登っていく。

【アドバイス】

・まずは，素足になって足で棒をしっかり挟むことから始めましょう。

・すべり落ちるときは，手の平と足の裏に少し水をつけてみましょう。
　少量の水がすべり止めになります。何度か試して適量をつけましょう。

体を動かすのが楽しくなる！あそびのポイント

・上部がつながったのぼり棒では，横棒を伝って登った棒の隣の棒から降りてみるなどの工夫をすると動きが広がります。

・登り降りの競争をするとみんなで楽しく遊べます。

（松田 綾子）

39 うんてい

対象人数：1人〜

筋力	瞬発力	持久力	平衡性	柔軟性	協応性	敏捷性

うんていにぶら下がって，足を振りながら，棒をつかんで進んでいきます。バランスを取りながら落ちないように進んでいくことが楽しいあそびです。

❶棒にぶら下がる。

❷足を振って勢いをつけ，次の棒をつかむ。

❸それを繰り返して反対側まで進んでいく。

【アドバイス】

・はじめは，両手でぶら下がる，片手を出して次の棒をつかむ，両手でぶら下がるというようにゆっくり進んでみよう。

・慣れてきたら体をさらに大きく振って，一段とばしや二段とばしで進んでみよう。

体を動かすのが楽しくなる！あそびのポイント

・友達と速さを競ったり，何段とばして進めるか競ってみたりすると楽しくなります。

・ぶら下がって進むだけではなく，うんていの上に乗って，バランスを取りながら動物歩きや歩く遊びで遊ぶとさらに楽しさが広がります。

（永末 大輔）

固定遊具系

40 王様じゃんけん

対象人数：2人～

筋力	瞬発力	持久力	平衡性	柔軟性	協応性	敏捷性

ジャングルジムを使ってじゃんけんをします。勝ったら上の段に上がり，負けたら下の段に下がります。いろいろな体勢でじゃんけんができ，勝ち負けで楽しさや面白さを味わえます。

やった！王様だ！

次は負けないぞ！

Check!

ジャングルジムの大きさに合わせて，子どもが動くことのできる人数で行うとよい。

❶ジャングルジムの一番下の段からスタートする。

❷じゃんけんに勝つことができたら，上の段に上がることができ，負けると，下の段に下がる。

❸同じ高さの段は自由に動ける。

❹一番上の段にたどり着いた人が王様になる。

【アドバイス】

・同じ段なら自由に移動できるので，いろいろな人とじゃんけんしよう。

・ジャングルジムの内側を使って移動しよう。速く移動できるよ。

体を動かすのが楽しくなる！あそびのポイント

・体の向きや体の支え方，体勢を変えながら，じゃんけんすると面白くなります。

・じゃんけんに負けたら段を下がるルールをなしにして，同じ人とじゃんけんしてはいけないルール（全員とじゃんけんしたら2回目は可能）にすると，たくさん動くこともできます。

(辻 真弘)

41 ブランコ靴とばし

対象人数：2人〜

筋力	瞬発力	持久力	平衡性	柔軟性	協応性	敏捷性

ブランコをこぎながらタイミングを合わせて靴をとばして遊びます。どこまで遠くに靴をとばせたか友達と競い合って楽しめます。

Check!

学校のブランコで行う。靴をとばせる広さがあるところで遊ぶとよい。
周囲に人がいないか，安全を確認してから行うこと。

❶利き足の靴のかかとを外して，キックで靴をとばせるようにする。

❷タイミングを合わせて靴をとばす。遠くへとんだ人の勝ち。

❸全員がとばし終えたら，とばした靴はケンケンで取りに行く。

【アドバイス】

・ブランコが後ろにきたら足を振りかぶり，地面から前に上がり始めるタイミングに合わせて靴をとばしましょう。

・足首のスナップを利かせて前にピュッととばしましょう。

体を動かすのが楽しくなる！あそびのポイント

・利き足とは逆の足で靴をとばすと難易度が上がり面白くなります。

・長い距離を競うだけではなく，目印を決めて，そこにより近く靴をとばせたら勝ちというルールにすると，調整力を競う楽しさが生まれます。

（井上 貴臣）

42 ゴムとび

対象人数：5人〜

筋力	瞬発力	持久力	平衡性	柔軟性	協応性	敏捷性

2人が持ったゴムひもの高さが上に上に高くなっていきます。いろいろな高さや跳び越し方を楽しむ遊びです。

Check!
ゴムは2〜3mのものを用意する。

Check!
ゴムの真ん中を跳ぶようにする。

Check!
持つ人の場所に線や円を描いておくとよい。

❶2人でゴムの両端を持って立つ。

❷地面，足首，ひざ，腰，胸，肩，頭の順番にゴムの高さを上げていき，それを跳び越える。高いゴムはゴムに触れてもよい。

❸ゴムを持つ人は順番に交代する。

【アドバイス】

・高いゴムを跳ぶときは助走をつけて跳んでみよう。

・ゴムを離さないように，持つところを輪にして手首に通して持とう。

体を動かすのが楽しくなる！あそびのポイント

・高いゴムでは側転や「引っかけ跳び」など跳び方を工夫すると動きが広がります。

・2人が持つゴムひもの高さを変えると，同じ高さとは違った楽しみ方が味わえます。

＊「引っかけ跳び」…足を思いきり上げてゴムに引っかけた後，足を下げる跳び越し方

（松田 綾子）

43 いろはにこんぺいとう

対象人数：4人〜

筋力	瞬発力	持久力	平衡性	柔軟性	協応性	敏捷性

2人の鬼が持ったゴムひもの上を跳んだり，下をくぐったり，間を通り抜けたりするあそびです。どれも体が当たらないようにするのがポイントです。

上か下か真ん中か〜

真ん中　下

Check!
真ん中はゴムの間を通り抜ける。

Check!
子の場所には線を描いておくとよい。

Check!
鬼は1.5mから2mぐらい離れ，鬼の場所に線や円を描いておくとよい。

❶鬼を2人決める。鬼以外は子になり，後ろを向く。

❷鬼は「い・ろ・は・に・こんぺいとう〜♪」と歌いながらゴムひもを上げたり下げたり，交差させたりする。

❸鬼が「上か？下か？真ん中か？」と歌い終わると動きを止める。

❹子は3つから1つを選んだ後に振り向き，跳んだりくぐったりする。

❺どのやり方もゴムひもに体が当たったら鬼を交代する。3人当たった場合は，じゃんけんして負けた2人が鬼になる。

【アドバイス】

・鬼は歌い終わったらゴムひもをしっかり持って動かないようにしよう。

・子は上・下・真ん中それぞれのひもに当たらない工夫を見つけよう。

体を動かすのが楽しくなる！あそびのポイント

・振り向いた後，鬼が数を1から10数えながら取り組むとテンポよく遊べます。

・ゴムひもが高かったり，狭かったりしたときに，小指でひもを触って動かせる「小指ルール」などの工夫を取り入れると異学年でも楽しく遊べます。

（松田　綾子）

44 大波小波

対象人数：5人〜

筋力	瞬発力	持久力	平衡性	柔軟性	協応性	敏捷性

なわとび歌の代表とも言える「大波小波」。仲間とピッタリ息を合わせて歌いながら跳んで，最後にピタッとなわを止めることにあそびの魅力があります。

なわとび

Check!

なわを持つ人も跳ぶ人もみんなで歌を歌う。

Check!

持つ人の立ち位置が分かるように線を引いておく。

❶じゃんけんをしてなわを持つ人を2人決める。

❷♪おおなみ　こなみで♪　歌いながら左右に揺れるなわを跳ぶ。

❸♪ぐるっと　まわって♪　歌いながら回転し始めたなわを跳ぶ。

❹♪ねーこのめ♪　歌い終わり同時に回っていたなわをまたいで止める。

❺またいで止められなかった人がなわを持つ役を交代する。

【アドバイス】

・♪ねーこのめ♪でタイミングよくなわを止めるために，なわの回転をよく見てねらいを定めたり，声をかけ合ったりしよう。

・なわを持つ人は大きく揺らしたり，ゆっくり回したりしよう。

体を動かすのが楽しくなる！あそびのポイント

・手をつないだり，向かい合ったりして跳ぶと，安心して跳ぶことができます。

・跳ぶ人の人数を増やしたり，減らしたりするなどいろいろな楽しみ方ができます。

（松田　綾子）

45 8の字なわとび

対象人数：4人〜

筋力	瞬発力	持久力	平衡性	柔軟性	協応性	敏捷性

タイミングを合わせてなわに入ります。なわに引っかかることなく，タイミングよく跳べるかどうかが面白い遊びです。

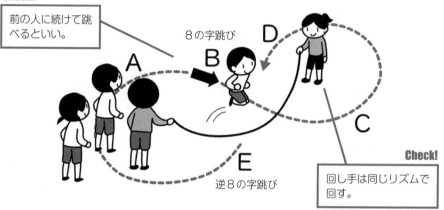

Check!
前の人に続けて跳べるといい。

8の字跳び

D

A
B
C

E

逆8の字跳び

Check!
回し手は同じリズムで回す。

❶3m程度離れて，反時計回しになわを回す。

❷跳び手は回し手の左側（A）に立ち，引っかからないようになわ中央（B）に進み，タイミングを合わせて跳ぶ。

❸跳んだ後は，素早く回し手の左側（C）へかけ抜け，次の人も同様に跳ぶ。次は，回し手の右側（D）から入って（B）で跳び，（E）へかけ抜ける。

※入り場所（E），出る場所（D）とすると「逆8の字跳び」となり，難易度が上がる。

【アドバイス】

・入口から出口まで一直線に進もう。

・回し手や待つ人，みんなで「ハイ，ハイ」と声を出し合おう。

体を動かすのが楽しくなる！あそびのポイント

・跳びながら回転したり，手を叩いたりするなど，跳び方を変化させるともっと楽しくなります。

・2，3人で手をつないだり肩を組んだりして跳んでも楽しくなります。

（久保 明広）

46 長なわ玉突き跳び

対象人数：5人～

筋力	瞬発力	持久力	平衡性	柔軟性	協応性	敏捷性

１人が入ったら１人が出ます。なわに引っかかることなく入って跳び，タイミングよく抜けられるかどうかが面白い遊びです。

Check!

回し手は３ｍ程度離れる。真ん中で跳ぶ人数が増えれば，それに合わせて離れるようにする。

❶ ８の字跳びのように入り，中央で跳び，抜けずにその場にいる。

❷ ２人目も同じように入り，中央で１人目と一緒に跳ぶ。

❸ 跳んだ後１人目の人は素早く抜け，３人目が入ってきて，２人目と一緒に跳ぶ。

※１人が入ったら１人が出ていくので「玉突き」と表現されている。

【アドバイス】

・抜ける人のタイミングが取りやすいように，「入るよ！」など，なわに入るときに声をかけよう。

・初めは難しくても，慣れたら簡単，何度もやってみよう。

体を動かすのが楽しくなる！あそびのポイント

・中央で一緒に跳ぶ人数を３人，４人……と増やすと，一体感が高まり楽しさが増します。さらに跳び続ける力も高まります。

・真横に抜けるなど抜ける方向を変えたり，跳びながらハイタッチをしたりしてもいいですね。

（久保 明広）

47 長なわじゃんけん

対象人数：6人〜

筋力	瞬発力	持久力	平衡性	柔軟性	協応性	敏捷性

跳びながらじゃんけんをします。「跳ぶ」「じゃんけん」という２つの動きを同時に行う難しさが面白い遊びです。

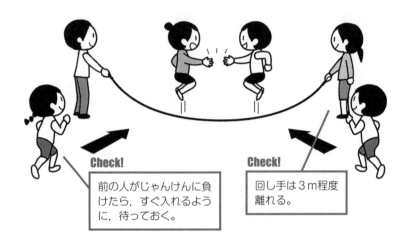

Check!
前の人がじゃんけんに負けたら，すぐ入れるように，待っておく。

Check!
回し手は３ｍ程度離れる。

❶お互いが入りやすい方向から入り，中央でじゃんけんをする。

❷負けた人はなわから抜け，勝った人は中央に残り跳び続ける。

❸次の人が入り，じゃんけんをし，❷→❸と続けていく。

【アドバイス】

・お互いに「最初はグー，じゃんけん……」と声を出し合おう。

・「あいこ」になったら，そのまま跳び続けよう。

体を動かすのが楽しくなる！あそびのポイント

・５人対５人などで「勝ち抜き戦」のようにすると，一喜一憂し盛り上がります。

・手でじゃんけんするのではなく，空中姿勢での「体じゃんけん」にすると，動きが複雑となり難易度が高まり，楽しさも増します。

(久保 明広)

なわとび系

48 十字跳び

対象人数：5人〜

筋力	瞬発力	持久力	平衡性	柔軟性	協応性	敏捷性

同じタイミングで回る2本のなわを跳びます。回し手はうまくタイミングを合わせて回せるか，跳び手はそれを跳べるかどうかが面白い遊びです。

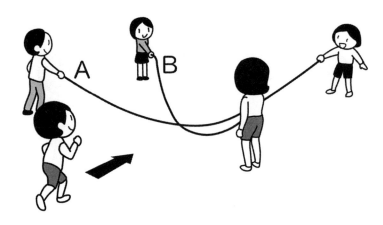

❶回し手は，AとBのなわが同じタイミングで地面につくように回す。

❷跳び手は，なわが地面につくタイミングに合わせて跳び抜ける。

【アドバイス】

・2本のなわが回っていますが，1本のなわを見て跳ぼう。

・前の人が跳んだら，間を空けることなく入ってみよう。

・回す人はなわを大きく回すことを意識し，2本のなわが同じタイミングでつくように，膝を曲げながら回してみよう。

体を動かすのが楽しくなる！あそびのポイント

・入る場所や抜ける場所を変えると，難しくなり，楽しくなります。

・手をつないだり肩を組んだりして跳ぶと，仲間と息を合わせる楽しさが生まれます。

（久保 明広）

49 ダブルダッチ

対象人数：3人〜

筋力	瞬発力	持久力	平衡性	柔軟性	協応性	敏捷性

回し手が回す2本のなわを跳びます。跳び手が，ただ跳ぶだけではなく，向きを変えながら跳んだり2人で跳んだりと工夫できることが面白い遊びです。

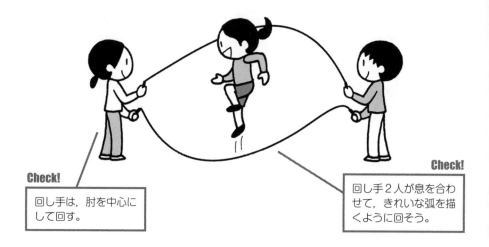

Check!
回し手は，肘を中心にして回す。

Check!
回し手2人が息を合わせて，きれいな弧を描くように回そう。

❶回し手は2m程度離れて，2本のなわを内側に回す。

❷跳び手は，タイミングを合わせて跳ぶ。

【アドバイス】

・跳び手はロープ1本だけを見て，なわが目の前を通り過ぎるときに動き出し，一気に中央に進んで跳ぼう。

・回し手も跳び手も「イチ・ニ，イチ・ニ」のリズムを声に出そう。

体を動かすのが楽しくなる！あそびのポイント

・跳べるようになったら，回転しながら跳んだり片足で跳んだりと，跳び方を工夫していくといいでしょう。

・8の字跳びのように，中央で跳んだら抜けて，次の人が入ってくるのもいいでしょう。

（久保 明広）

なわとび系

50 横並び正面跳び

対象人数：3人〜

筋力	瞬発力	持久力	平衡性	柔軟性	協応性	敏捷性

通称O（ゼロ）の字跳び，なわに正面から入る長なわとびです。1人だけでなく人数を増やしたり，ハイタッチをしたりして関わることが楽しい遊びです。

❶なわの正面に向かって並ぶ。

❷なわの回転に合わせて中に入り，1回跳んでから抜ける。抜けたら，元の列に戻って連続で跳ぶ。

❸2人，3人と人数を増やして同時に跳んだり，むかえなわ（向かってくるなわ）やかぶりなわ（追ってくるなわ）で跳んだりするなど，いろいろな跳び方に挑戦する。

【アドバイス】

・むかえなわは，向かってくるなわを跳んで中に入ろう。

・かぶりなわは，逃げていくなわを追いかけて中に入ろう。

体を動かすのが楽しくなる！あそびのポイント
・なわの手前と奥に分かれて反対方向から入って同時に跳ぶなど，友達と技に挑戦する楽しさを味わうことができます。 ・長なわの中で短なわを跳ぶなど短なわの技を生かして難しい技を味わうことができます。

（小林 治雄）

51 転がしドッジボール

対象人数：4人～30人以上でも可

筋力	瞬発力	持久力	平衡性	柔軟性	協応性	敏捷性

外野からボールを転がして，内野の人をねらいます。当たっても痛くなく，ハラハラドキドキしながら，当てたり避けたりすることが面白い遊びです。

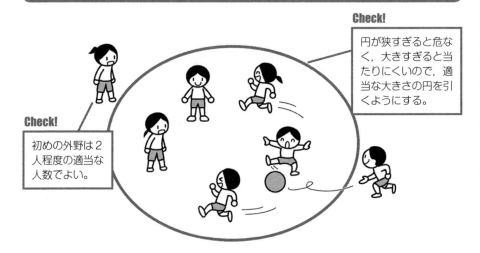

Check!

円が狭すぎると危なく，大きすぎると当たりにくいので，適当な大きさの円を引くようにする。

Check!

初めの外野は2人程度の適当な人数でよい。

❶大きな円を引き，内野と外野に分かれる。

❷外野からボールを転がす。

❸内野は避けたりジャンプしたりしてボールに当たらないようにするが，当たってしまったら，外野に行く。

❹最後の1人になったり，制限時間内まで残ったりした人がチャンピオンとなる。

【アドバイス】

・当てるために，ボールを手にしたら早く，そして速く転がそう。

・当たらないために，ボールをよく見てタイミングよくジャンプしよう。

体を動かすのが楽しくなる！あそびのポイント

・ボールの数を増やすと，転がす機会，避ける機会が増え，連続ジャンプなどの動きが出てきます。

・形をいびつにすると，位置取りなどを試行錯誤する動きにつながります。

（久保 明広）

52 王様ドッジボール

対象人数：10人〜

筋力	瞬発力	持久力	平衡性	柔軟性	協応性	敏捷性

ドッジボールのルールで，王様を1人決め王様が当たってしまったら負けです。
王様を狙ったり，守ったりすることが楽しいあそびです。

❶集まった人を2チームに分ける。

❷各チームで話し合い王様（王女様）を1人決め，宣言しゲームを開始する。

❸内野にメンバーが残っていても，王様にボールが当たったら負けとなる。

【アドバイス】

・王様をねらいやすくするために，パスを回してガードをくずそう。

・ガードする人は王様を守るようにチームで作戦を考えよう。

体を動かすのが楽しくなる！あそびのポイント

・人数が多いときは，王様の人数を増やして遊ぶと盛り上がります。

・同じ人が王様をしないように，順番でやるとみんなが経験できます。

・王様1人，王女様1人のように男女1人ずつにすると攻め方や守り方を工夫することになります。

（中屋 浩典）

53 円形ドッジボール

対象人数：3人〜

筋力	瞬発力	持久力	平衡性	柔軟性	協応性	敏捷性

円の中にボールから逃げる人が入り，円の外の人がボールを当てます。当てられたら，円の外に出ます。「中当て」というシンプルに楽しめるあそびです。

Check!

円は，線やミニコーンなどでつくるとよい。

Check!

逃げる人が怖がる場合は，柔らかいボールで行うとよい。

❶ボールから逃げる人と当てる人に分かれる（外の人数は参加人数で配慮する）。

❷逃げる人は，円の内側に入りボールから逃げる。

❸当てる人は円の外側からボールを当てる。

❹逃げる人は，ボールを当てられたら，円の外側に出る（ノーバウンドでボールを捕球できたらセーフ）。

【アドバイス】

・逃げる人は，ボールがどこにあるのかよく見て逃げよう。

・当てる人は，逃げる人の動きを予想して，仲間がいる場合は，挟み撃ちにしてボールを投げよう。

体を動かすのが楽しくなる！あそびのポイント
・円の大きさやボールの数を変えると，難易度が変わります。 ・当てられた人が，当てた人と交代したり，円ではなく，様々な形（長方形や正方形，星など）に変えたりすると面白さが増します。

（辻 真弘）

54 ダブルドッジボール

対象人数：10人〜

筋力	瞬発力	持久力	平衡性	柔軟性	協応性	敏捷性

従来のドッジボールをボールを2つ使って行います。軌道が異なる2つのボールを意識する必要があり，難易度がアップし，面白さが増します。

Check!

コートの大きさは，人数に合わせて適度なものにする。

❶ボールを2個使い，互いの内野から1個ずつ持って始める。

❷元外野（最初から外野にいた人）以外は，ボールを当てたら内野に戻れる（元外野は不可）。

【アドバイス】

・1つのボールに集中しすぎると，もう1つを見失うので，ボールの行方をよく見て行おう。

・ボールを当てやすくするために，内外野で同時に投げるなど協力をしよう。

体を動かすのが楽しくなる！あそびのポイント

・使用するボールの種類（素材）に違いをもたせると，ボールの軌道が異なり，面白くなります（例：ソフトドッジボールとソフトバレーボールなど）。

・ボールを2個より増やしていくとよりスリリングになります。

・コートを四角から楕円にすると，場所によっては外野との距離が縮まるなど切迫感が増して面白くなります。

（井上 貴臣）

55 アメリカンドッジボール

対象人数：6人〜

筋力	瞬発力	持久力	平衡性	柔軟性	協応性	敏捷性

いくつかのボールを投げ合い，最後に外野の人数が少なかったチームの勝ちです。たくさんのボールがいろんな方向から飛んでくるドキドキが味わえるドッジボールです。

❶ドッジボール用のコートを用意し，2チームに分かれる。外野に1人ずつ行く（最初から外野の人は当てないと入れない）。

❷コートの真ん中の線上にボールを3つ並べて置き，各チーム全員がコートの後ろの線の上に並ぶ。

❸合図で全員が真ん中にあるボールを取りに行くところからスタートする。

❹ボールを当てられた人は外野に行き，外野からボールを当てる。最低1人は外野に残る。

❺制限時間で外野の人数が少なかったチームが勝ち。

【アドバイス】

・声をかけ合ってボールのある場所を教え合おう。

・外野と内野でパスをたくさんして相手動かそう。

体を動かすのが楽しくなる！あそびのポイント

・ボールを増やすとドキドキ感が増すので盛り上がります。

・柔らかいボールなどボールの種類を変えたりするとボールの怖い子どもでも楽しめます。

（古屋 佑奈）

56 まぜまぜドッジボール

対象人数：8人〜

筋力	瞬発力	持久力	平衡性	柔軟性	協応性	敏捷性

１つの四角形のコートの中に両チームが入って，外野からの攻撃を避けます。間違えて味方にも当ててしまうかもしれない面白さがあります。

❶両チーム外野を２人ずつ決める。

❷外野はコート内にいる相手チームを当てる。

❸中にいる人は，ボールを当てられたら外野に移動する。

❹味方チームに当てられても，外野に移動する。

❺制限時間を設定し，コートの内の人数が多いチームが勝ち。

【アドバイス】

・間違って味方のボールに当たらないように，ボールの行方を見よう。

・相手が集まっているところをめがけて投げよう。

体を動かすのが楽しくなる！あそびのポイント

・「チームの中に『王様』を決めて，その人が当てられたら負け」「ボールを２個使用する」等のルールの条件を変えてみるとさらに面白く遊べます。

・コートを狭くしたり，人数を変えたりすると楽しくなります。

（村上 雅之）

57 ことろドッジボール

対象人数：8人～

筋力	瞬発力	持久力	平衡性	柔軟性	協応性	敏捷性

チームで決めた「子」にボールが当てられないようにみんなで守る遊びです。
協力して守り切ることができるかどうかが面白い遊びです。

❶2チームつくり，1つのチームはコートに入り，前の人の肩に手を置いて
列をつくる。

❷もう一方のチームはコートの外に出て，コートにいるチームの列の一番後
ろの子を当てる。

❸コートにいるチームは，一番後ろの子以外は当たってもセーフ。

❹両チーム実施し，制限時間内にボールを当てたチームが勝ち。

【アドバイス】

・顔をねらったり，列の前の人の上着を引っ張らないようにしよう。

・気持ちを揃えて「右」「左」など声を出して同じ方向に逃げよう。

> **体を動かすのが楽しくなる！あそびのポイント**
>
> ・チームの人数を多くしたりコートを小さくしたりすると，さらに楽しく遊べます。
>
> ・使用するボールを大きくしたり数を増やしたりすると，さらに楽しく遊べます。

（村上 雅之）

58 ピザドッジボール

対象人数：10人〜30人以上でも可

筋力	瞬発力	持久力	平衡性	柔軟性	協応性	敏捷性

ピザをカットしたような場で行うドッジボール。相手チームの内野を当てながら，自分達の人数を減らさないようにすることが面白い遊びです。

Check!
自チーム内野の後ろが，自チーム外野。

Check!
人数によって円の大きさやチーム数を決める。

Check!
初めの外野は1人や2人でよい。

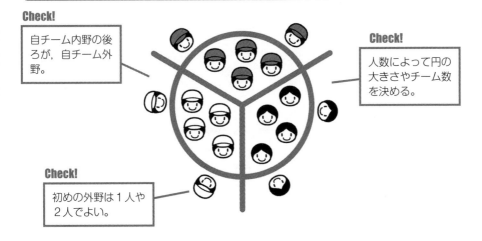

❶人数に合った適当な円を引き，3チームならば3分割，4チームならば4分割する線を円外まで引く。

❷ルールはドッジボールと同じで，当てられたら外野に行き，外野から他チームの内野の人を当てたら内野に戻れる。

❸制限時間内や，あるチームの内野が0人になった時点で，より多くの人が内野に残っているチームがチャンピオン。

【アドバイス】

・内野でボールを持ったら，どのチームの誰をねらうのか，外野の人にパスをするのか，内野内でボールをパスをするのか，素早く判断しよう。

体を動かすのが楽しくなる！あそびのポイント

・ボールの数を2個にすると，投げるか避けるかを判断する機会が増えます。
・ボールが怖い，痛くて嫌だという子がいたら，柔らかいボールでもいいですね。

（久保 明広）

ボール・ゲーム

59 ドッヂビー

対象人数：10人～20人程度

筋力	瞬発力	持久力	平衡性	柔軟性	協応性	敏捷性

ソフトディスク（ドッヂビー）を使ってのドッジボールのようなあそびです。年齢性別に関係なく遊べ，当たっても痛くないので安心して遊べるのが魅力です。

ドッヂビー

Check!

初めの外野は１人
（外野が１人のとき
は入れない）。

❶初めにディスクを取るか，コートを取るかをじゃんけんで決める。

❷線を踏まないように，ディスクを投げて相手に当てる。当てられた人は外野に出る。

❸外野からコートの中の人を当てたら，内野に戻れる。

❹首から上はねらわない。当たった場合は，顔面セーフとして無効にする。

【アドバイス】

・ディスクは，水平に握り手の甲を前にして，投げる方向に人差し指を向けよう。さらにうまく投げるには，投げた後，素早く手首を戻そう。

・サイドスローで投げるときは，肘を体の横につけて投げよう。

> **体を動かすのが楽しくなる！あそびのポイント**
> ・ディスクの数を増やすと，あちらこちらから飛んできてドキドキして楽しくなります。
> ・王様を１人決め，王様が当てられたら負けのルールにすると，王様を予想しながら遊べて楽しくなります。

（藤井 朋樹）

60 かんたんアルティメット

対象人数：6人〜

筋力	瞬発力	持久力	平衡性	柔軟性	協応性	敏捷性

ディスクを投げたり取ったりすることを楽しめるあそびです。パスをつなぐことで点数が入るので，友達と協力する楽しさを感じます。

Check!

・エリアを決めて，その中でパスを回す。
・誰かが持っているディスクを奪うことはできない。
・ディスクを持っている人に対して守りに行くのは1人だけとする。

❶2チームに分かれ，じゃんけんで先攻を決める。

❷合図で，先攻が好きな位置からスタートし，パスをつないでいく。ディスクを持っていないチームはパスをカットする。

❸同じチームでパスを5回つなぐことができたら1点。

❹ディスクを落としたりパスをカットされたらその場で攻守を交代。

❺制限時間内でたくさん点数が入ったチームが勝ち。

【アドバイス】

・ディスクを持っている人以外が足を止めずにどんどん動いてディスクをもらおう。

・ディスクが落ちたら素早く攻守を交代しよう。

> **体を動かすのが楽しくなる！あそびのポイント**
>
> ・ディスクを柔らかいドッヂビーにすると，とび方が違うので違った楽しみ方ができます。
> ・点数が入るパスの回数を，集まった人によって増やしたり減らしたりすると学年や経験に応じて楽しめます。

（古屋 佑奈）

61 手打ち野球

対象人数：10人〜20人

筋力	瞬発力	持久力	平衡性	柔軟性	協応性	敏捷性

2チームに分かれ得点を競う遊びです。手でボールを打つため，道具の扱いが苦手な人も打つことができるところに楽しさや面白さがあります。

Check!

投手は5mくらい離れて投げる。

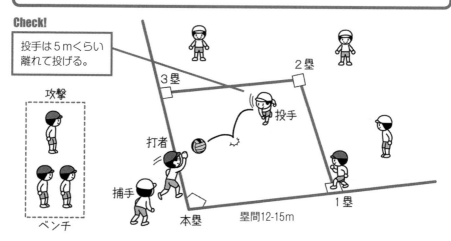

塁間12-15m

❶じゃんけんで攻撃と守備に分かれ，3アウトを取ったら攻守交替する。

❷打者は，手をグーにして拳もしくは手首あたりで打つ。

❸投手は，ワンバウンドのボールを投げる。

❹打者は打ったら1塁へ走る。セーフになれば塁に残り，本塁を目指す。

❺アウトにするには，ノーバウンドで捕球する。走者がベースに着く前にボールを持ってベースを踏むかタッチする（当てる）。首より上は禁止。

【アドバイス】

・投手は，下からやさしく「ふわり」とワンバウンドを投げよう。

・打つ場所は，拳の指のあたりより手の甲を上に向け手首で打とう。

体を動かすのが楽しくなる！あそびのポイント

・ボールに当たらない人は，手の平でボールを押すと空振りしにくくなります。ボールを押したら，すぐに一塁へ走りましょう。

・慣れないうちはドッジボールやビーチボールなど大きいものだと当たりやすくなります。

（藤井　朋樹）

62 三角ベースボール

対象人数：6人〜

筋力	瞬発力	持久力	平衡性	柔軟性	協応性	敏捷性

人数が少ないときに1塁，2塁，ホームの3つのベースでする遊びです。
遊ぶ人数によってルールや方法を話し合って楽しく遊ぶことができます。

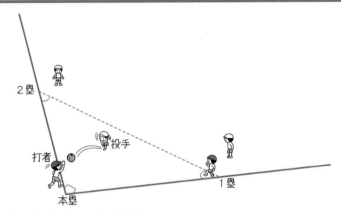

❶集まった人を2チームに分ける。

❷ピッチャーは下手投げで打ちやすいボールを投げ，バッターは手でボールを打つ。

❸打たれたボールを投げて，走者の体に当てるとアウトになる。

❹塁がつまって打つ人がいなくなったら「透明ランナー」と宣言して塁にいる人がバッターとなる。

❺3アウトになったら攻守を交代する。

【アドバイス】

・バッターは手の打ちやすいところ（親指のつけ根，腕の内側，手のひらなど）でボールを打とう。

・集まった人でルール（打ってから走る等）を決めて楽しくやろう。

体を動かすのが楽しくなる！あそびのポイント

・攻撃側が交代でピッチャーをすると少人数でもできます。

・人数や場所によってルール（アウトの数，当てなし等）をアレンジすると楽しみ方が広がります。

（中屋 浩典）

63 キックベースボール

対象人数：14人〜20人

筋力	瞬発力	持久力	平衡性	柔軟性	協応性	敏捷性

2チームに分かれ得点を競う遊びです。足でキックするので，道具の使用が苦手な人も蹴ることができるところに楽しさや面白さがあります。

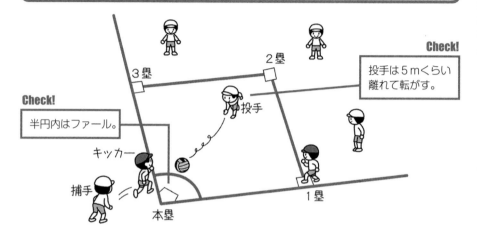

Check!
投手は5mくらい離れて転がす。

Check!
半円内はファール。

3塁　2塁　投手　1塁　キッカー　捕手　本塁

❶じゃんけんで攻撃と守備に分かれ，3アウトを取ったら攻守交替する。

❷投手は蹴りやすいボールを転がして，キッカーが蹴る。

❸キッカーは蹴ったら1塁へ走る。セーフなら塁に残り，本塁を目指す。

❹アウトにするには，ノーバウンドで捕球する。走者がベースに着く前にボールを持ってベースを踏むかタッチする（当てる）。首より上は禁止。

❺リードや盗塁はなし。

【アドバイス】

・空振りしないようにボールをよく見てタイミングを合わせて蹴ろう。

・キッカーのキック力を予想し，前や後ろなど守る場所を変えよう。

体を動かすのが楽しくなる！あそびのポイント

・動いているボールを蹴ることが苦手でうまく蹴れない人は，ボールを置いてもいいルールにすると空振りしなくなるので，誰でも楽しむことができます。

・2塁なしの三角ベースで遊ぶと，守る場所が減るので，少ない人数でも楽しく遊べます。

（藤井　朋樹）

64 ハンドテニス

対象人数：2人〜

筋力	瞬発力	持久力	平衡性	柔軟性	協応性	敏捷性

ボールを手ではじいて，ラリーを楽しむゲームです。相手が取れなそうなところを見つけて，前後左右にボールを打ち返すところが楽しいあそびです。

Check!

基本的なルール
・ボール：柔らかいバレーボール
・ネット：コーンとスズランテープ
・コート：縦6m・横4m
・2分間で点数の多いほうが勝ち
・先に10点取ったほうが勝ち

❶サーブは相手にやさしくふわっとしたボールを上げる。

❷ボールの落下点に移動して，ボールを相手コートに打ち返す。

❸コートに入ったボールを打ち返せなかったり，相手コート内に打ち返せなかったりしたら相手チームの得点となる。

【アドバイス】

・ボールがどっちのほうに行きそうか予想して動いてみよう。

・手にしっかり当てることを意識しよう。

体を動かすのが楽しくなる！あそびのポイント

・シングルスやダブルスなど，プレー人数を変えると飽きずに楽しめます。

・交互に打ったり，2回で打ち返したりすると全員がボールに触ることができて楽しく運動できます。

（小林 治雄）

ボール・ゲーム

65 けまりバレー

対象人数：5人〜

筋力	瞬発力	持久力	平衡性	柔軟性	協応性	敏捷性

輪になってボールをはじいて落とさないようにします。仲間と手をつないで一体感を感じながら熱中して楽しめる遊びです。

Check!

ボールは高く上げすぎないようにするとよい。

Check!

ビーチボールや風船を使うとよい。

❶輪になって内側を向く。

❷じゃんけんで勝った人が手を使ってボールを高く上げる。

❸すぐに手をつないで落ちてくるボールをはじく。

❹つないだ手が離れないように移動しながらボールを落とさないようにして続ける。

【アドバイス】

・足を使うときは膝を曲げずにボールを真上に上げてみましょう。

・友達の名前を呼んだり声をかけ合ったりして，動きをつないでみましょう。

体を動かすのが楽しくなる！あそびのポイント

・ボールをはじく回数を決めて，数を数えながらすると動きにリズムが生まれます。

・手・足・頭など体のいろいろな部位を使ってボールを落とさない工夫をすると楽しく遊べます。

（松田 綾子）

66 うちわでバレー

対象人数：2人〜

筋力	瞬発力	持久力	平衡性	柔軟性	協応性	敏捷性

うちわで風船をはじいて，ラリーを楽しむゲームです。うちわと風船があれば
いつでもどこでも誰とでも楽しめるゲームです。

Check!

・コートは特に設けない
・ネットは1m20㎝くらいの
　高さにひもを張る（なくて
　もよい。間に何か置くだけ
　でもよい）

❶うちわと風船を用意して向かい合う。相手に向かってサーブを打つ。

❷風船の落下点に移動して，風船を相手に打ち返す。

❸風船を落としてしまったり，相手側に打ち返せなかったりしたときは，相
　手チームに得点が入る。

【アドバイス】

・風船がどっちのほうに行きそうか予想して動いてみよう。

・強く打つときは，腕を下のほうに強く振ってみよう。

体を動かすのが楽しくなる！あそびのポイント

・ラリーを何回続けられるかというルールにすると，得点すること以外の楽しみ
　が生まれます。

・座位（シッティング）で行うと，座って動くという違った楽しさを味わえます。

(小林 治雄)

67 連続ボール回し

対象人数：5人〜

筋力	瞬発力	持久力	平衡性	柔軟性	協応性	敏捷性

四角の範囲の中で，ボールをパスで回す人と取る人に分かれて行います。仲間とボールをつないだり，それを阻止するかけ引きを楽しんだりするあそびです。

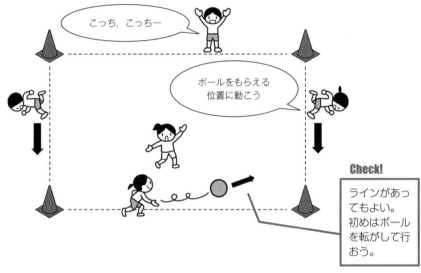

こっち，こっちー

ボールをもらえる位置に動こう

Check!

ラインがあってもよい。初めはボールを転がして行おう。

❶ボールを回す人は4人，取る人は1人に分かれる。

❷コーンなどを置いて，一辺が7m程度の四角形をつくる。

❸ボールを回す人は，10回連続でパスをつないだら勝ち。取る人は，四角の中を動いてボールに触れたりボールが範囲から出たりしたら勝ち。

❹回す人が勝った場合はもう一度，取る人が勝った場合はミスをした人が取る人と入れ替わる。

【アドバイス】

・ボールを回す人は，角と角の間の「辺」を動くとつなぎやすいよ。

・仲間同士の間に，取る人がいないように動いたり声をかけたりしよう。

体を動かすのが楽しくなる！あそびのポイント

・範囲を狭くしたり取る人の人数を増やしたりすると，楽しさが広がります。

・ボールを転がしてつなぐことに慣れたら，投げや蹴りで挑戦してみましょう。

（岩城 節臣）

68 PK（サッカー）

対象人数：2人〜

筋力	瞬発力	持久力	平衡性	柔軟性	協応性	敏捷性

キーパーとキッカーに分かれます。キッカーは，決められた位置からボールを蹴り，ゴールに入れることができたら勝ちです。決めるか防げるかドキドキするあそびです。

Check! ゴールは，遊具や白線などで代用してもよい。

Check! ボールは，柔らかいものを使うと，より思いきり蹴れる。

❶キーパーとキッカーに分かれる。

❷キーパーはゴールを守る（キッカーが蹴るまで，ゴールラインよりも前に出ることはできない）。

❸キッカーは，決められた場所からゴールへ向けてボールを蹴る（一度しか蹴ることができない）。

❹ゴールに入れられたら，キッカーの勝ち，防ぐことができたら，キーパーの勝ち。

【アドバイス】

・キッカーはキーパーの動きを予想して蹴ろう。

・キーパーはキッカーが蹴りそうな場所を予想して止めよう。

> **体を動かすのが楽しくなる！あそびのポイント**
> ・ゴールの大きさやゴールまでの距離，ボール堅さや重さなどを変えると，バリエーションを広げることができます。
> ・2人だけではなく，たくさんの人数で行うと楽しさが広がります。

（辻 真弘）

69 3on3ポートボール

対象人数：7人〜

筋力	瞬発力	持久力	平衡性	柔軟性	協応性	敏捷性

キャッチした人にポイントが入るポートボールです。ゴール役がキャッチしたらシュートした人とゴール役がどんどん入れ替わるため，全員にポイントを取るチャンスがあるところに楽しさがあります。

Check!

ゴールエリアの大きさは実際の3on3より小さいものを想定している。人数や場に応じて決めるようにする。

Check!

ゴールは1つ。バスケットコートの半面部分のイメージで，バスケットゴールの代わりにゴール役がシュートをキャッチする。

❶3人ずつの2チームとゴール役に分かれ，先攻を決める。

❷それぞれ配置につき，ゴール役はゴールエリアに入る。

❸先攻のチームからスタートし，パスやドリブルをしながらゴールを目指す。ゴール役はゴールエリアの中だけ動くことができる。

❹シュートしたボールをゴール役がキャッチできたらゴール役に1点が入る。

❺シュートを決めた人とゴール役，攻めと守りを入れ替え，スタート位置から再開し，それをくり返す。各自のポイントで勝敗が決まる。

【アドバイス】

・ゴール役はシュートをキャッチしやすいようエリア内を自由に動こう。

・シュートが決まったら，攻守とゴール役の入れ替えを急いでしよう。

・シュートを決めたら，ポイントを取るチャンスのあるゴール役になれるので，攻めているチームの人は積極的にシュートしよう。

体を動かすのが楽しくなる！あそびのポイント

・ゴールエリアの大きさやゴール役が台の上に乗るなど状況に応じてアレンジ可。

・人数が多い場合は4on4にするなど，人数が増えても楽しむことができます。

（古屋 佑奈）

70 ペーパーボールDEカップイン

対象人数：2人〜

筋力	瞬発力	持久力	平衡性	柔軟性	協応性	敏捷性

新聞紙とガムテープでつくる新聞紙ボールを使って，目的地まで何投でたどり着けるか競い合うあそび。みんなが安全に思いきり投げを楽しむことができます。

実際の新聞紙
ボール

❶新聞紙１枚と布ガムテープ１ｍで新聞紙ボールをつくる。

❷出発地と目的地を決める。

❸少ない投数でボールが目的地までたどり着いた人の勝ち。

【アドバイス】

・１投ずつ互いの位置を確認し合いながら投げよう。

・目的地に入れるとき，山なりにしたり転がしたり投げ方を工夫しよう。

体を動かすのが楽しくなる！あそびのポイント

・ペア同士で行うと，投げ方のアドバイスをしたり順番を考えたりしながら競い合うことができるので，より楽しむことができます。

・目的地を入れ物にしたり高低差のある位置にしたりすることで，投げ方を広げることができます。

（岩城 節臣）

71 ペットボトル倒し

対象人数：4人〜

筋力	瞬発力	持久力	平衡性	柔軟性	協応性	敏捷性

リレー形式でボールを投げペットボトルを倒します。走った後にボールを投げて，みんなで倒していく集団で行う楽しいあそびです。

幅1m程度

Check!
・スタートから投げるところとペットボトルまでの距離は実態に合わせる。
・投げる場所は，円や線を引いておく。

❶ペットボトルを的にして並べる。（並べ方・本数はみんなで決める）

❷スタートラインから走っていき，投げる場所からボールを投げる。

❸投げた後は戻って次の人にタッチし，次の人がボールを拾い投げる。

❹先に全部倒したほうが勝ちとなる。

【アドバイス】

・走る，止まる，投げるをしっかりやり，落ち着いて動こう。

・投げたあと急いで戻り，次の人は素早くボールを取りにいこう。

体を動かすのが楽しくなる！あそびのポイント

・ボールの種類や大きさを変えると難しさや楽しさがアップします。

・ペットボトルの並べ方を変えたり，2人組のリレーにすると，違った楽しみ方が味わえます。

（澤 宜英）

72 ペットボトルモルック

対象人数：2人〜

筋力	瞬発力	持久力	**平衡性**	柔軟性	**協応性**	敏捷性

番号を書いた12本のペットボトルを，一定の距離離れた場所から投げて倒します。決められた合計点になったチームの勝ちです。体と頭を使いながら楽しめるあそびです。

Check!
投げる位置などは，線で代用してもよい。

Check!
モルックというフィンランドのあそびを簡易化して休み時間でも取り組めるようにした。

❶スキットルという的をペットボトルで12本つくり，それぞれに1〜12までの番号を付ける。また，モルックという投げて的を倒すものをペットボトルでつくる。（布などを入れ，重さを変えてもよい。重くしすぎないようにする）

❷3〜4m離れた場所から，モルックを下投げして，スキットルを倒す（複数本倒れた場合，倒れた本数が得点に，1本倒れた場合は，書かれた数字が得点になる）。＊合計点の基本は50点だが時間により30点等と決める。

❸倒れたスキットルは，その場に立たせて，チームごとに交互にモルックを投げ，子どもたちで決めた合計点数になったら勝ち（合計点数を超えたら，合計点数の半分から再スタートする）。

【アドバイス】

・何点を狙うのか確認してから，投げよう。

・何点のものを倒していって合計点数にするのかを考えながら倒そう。

> **体を動かすのが楽しくなる！あそびのポイント**
> ・上記はモルックの基本のルールですが，実態に合わせて合計点数やスキットルの数，モルックの重さなどを変更して取り組むと盛り上がります。
> ・1対1ではなく，グループ同士で行うとより楽しくなります。

（辻 真弘）

73 宝集め（7ボウルズ）　対象人数：3チーム9人〜，4チーム12人〜

筋力	瞬発力	持久力	平衡性	柔軟性	協応性	敏捷性

各チーム1人ずつ中央や他チームのボールを取りに行き，ボール3個を集めたチームが勝ちです。最後まで勝敗が分からない，状況判断がカギとなるあそび。

奥のチームのボールを
ねらったほうがいいかも…

3つ揃うぞ‼

あっちのチームが
2個になったよ‼

揃うのを阻止するぞ

Check!

中央にボールを7個置く（ボールの数＝
チーム数×2−1）。
ボールは抱えて走りやすい大きさがよい。

❶1チーム3人以上で4チームに分かれる（3チームで三角形も可）。

❷スタートの合図で各チーム1人ずつ中央にあるボールを取りに行く。

❸ボールを1人1個しか持ってくることができない。前の順番の人がフラフープ（陣地）にボールを置いたら次の人が取りに行く。

❹中央にあるボールがなくなったら，他のチームからボールを取る。早くボールを3個集めたチームの勝ち。

【アドバイス】

・チームの仲間と声をかけ合いながら，取りに行くボールを判断しよう。

・ボールを3個集めたらチーム全員で「ゲット‼」と言おう。

体を動かすのが楽しくなる！あそびのポイント

・初めから各チームに1個ずつボールを配置すると状況を変えて楽しめます。

・距離を短くすれば素早い動き方，遠くすれば持久力アップが期待できます。

（岩城　節臣）

74 竹馬

対象人数：1人〜

筋力	瞬発力	持久力	平衡性	柔軟性	協応性	敏捷性

竹馬に乗り，バランスを取りながら手足を同時に動かし，進んでいきます。落ちないように進んでいくのが，楽しいあそびです。

Check!
地面にはコースを入れる。

Check!
慣れてきたら足場の高さを上げてみる。

用具

❶片足を竹馬の足場に乗せる。手の位置は胸の辺り。

❷バランスを取りながらもう片方の足を乗せる。

❸手と足を同時に動かし，一歩ずつ歩いていく。

【アドバイス】

・初めはバランスが取りづらい（竹馬に両足で乗れない）ので，友達に前に立って竹馬を持ってもらい，バランスを取ってみよう。

・つま先立ちをするつもりで足場に乗って，バランスを安定させよう。

・体重を前に乗せてバランスを取り，だんだん大股にしてみよう。

> **体を動かすのが楽しくなる！あそびのポイント**
>
> ・上手になってきたら，竹馬の足場を高くすると楽しくなります。
> ・大股やケンケンなど，移動の仕方を変えるとより楽しくなります。
> ・コースを地面に引いて，そのコースを回るようにするとゲーム性が出て楽しくなります。

（永末 大輔）

75 フラフープあそび

対象人数：1人〜

筋力	瞬発力	持久力	平衡性	柔軟性	協応性	敏捷性

フラフープは，1つでも複数個でも，個人でも複数人でも遊べる用具です。また，他の用具との組み合わせで遊びの幅が広がる利便性があります。

❶回す，跳ぶ，投げる，転がす，くぐるなどと，いろいろな遊び方ができる。

❷手をつないでフラフープ送りを楽しむなど，みんなで遊ぶこともできる。

【アドバイス】

・フラフープは，バンザイのポーズで，体や腰を動かしすぎず，お腹の正面に来る少し前で押すようにしよう。

・短なわの回し跳びが苦手なら，フラフープを使ってみよう。

体を動かすのが楽しくなる！あそびのポイント

・ペアで引っ張り合う，一緒に持って走る，一緒に持って少し高い場所などをバランスを取りながら進む，などいろいろな動きを楽しめます。

・椅子の代わりにフラフープを用いれば，フルーツバスケットや輪取りゲームが屋外でも楽しめます。

（井上 貴臣）

76 棒チェンジ

対象人数：2人〜

筋力	瞬発力	持久力	平衡性	柔軟性	協応性	敏捷性

体操棒を倒さないように友達と交換します。人数を増やしたり，どれくらい離れて交換できるか挑戦したりすることも楽しめるあそびです。

Check!
棒を倒さないように
友達と棒を交換する。

❶1人1本，体操棒を持つ。

❷「せーの！」の合図で棒が倒れないように移動して相手の棒を持つ。

❸できるようになったら2人の距離を離してみる。

❹人数を増やしたり，回る方向を変えてみたりする。

【アドバイス】

・最初から距離を離してやるのではなく，成功したら離すというように徐々に2人の距離を遠くしてみよう。

・「せーの」のときは時計回り，「さんはい」で反時計回りに回るなど回り方をアレンジしてみよう。

> **体を動かすのが楽しくなる！あそびのポイント**
> ・移動の仕方をスキップやケンケンに変えると動きが広がります。
> ・3人以上でやるときは棒の間隔を等間隔だけではなく，バラバラにするとゲーム性が増して楽しくなります。

（永末 大輔）

77 一輪車

対象人数：2人〜

筋力	瞬発力	持久力	平衡性	柔軟性	協応性	敏捷性

バランスを取りながら気持ちよく走ることのできる用具です。最初は乗れなくても，2週間ほどで乗れるようになります。楽しい技に挑戦できるあそびです。

Check!

2人補助で進むのに慣れる。慣れてきたら片手補助で時々離してつかむを繰り返すとよい。

Check!

友達と手をつないで回転し合うのが，コーヒーカップ。大人数でできるとさらに楽しい！

❶壁や手すりなどにつかまってこぐ練習をする。つかまりながらも，胸を張って，サドルが真っ直ぐ立つようにこぐとよい。

❷両方の手を補助してもらい，2人補助で進む練習をする。

❸片手補助で進む練習をする。時々離してまたつかむと効果的。

❹乗れるようになったら，コーヒーカップの状態から手を離して戻る。

【アドバイス】

・胸を張って上半身を真っ直ぐにして，足だけに力を入れよう。

・補助の人に支えてもらい長い距離を進むと，早く1人で進めるようになるよ。

体を動かすのが楽しくなる！あそびのポイント

・何人までコーヒーカップに参加できるか試すと，さらに楽しくなります。

・友達と動きをシンクロさせて，アイドリングなどの遊びも盛り上がります。

※片手補助まで進むと，どちらのあそびも参加できます。

（熊野　昌彦）

78 スポーツスタッキング（3-3-3）

対象人数：1人〜

筋力	瞬発力	持久力	平衡性	柔軟性	協応性	敏捷性

プラスチック製のカップを積み上げたり崩したりしてスピードを競います。手を動かすことで器用さを引き上げ楽しく遊ぶことができます。

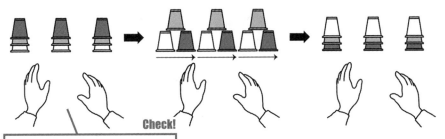

Check!

・カップは9個用意。
・ストップウオッチでタイム測定。

❶3個の重ねたカップを積み上げ下2つ，上1つの形にする。（×3）

❷始めに積み上げたものから元の形に戻す。（×3）

❸始めた形から元の形に戻るまでのタイムを計り競争する。

＊スタッキング用カップは，プラスチックカップの底に長方形の穴をあけ，内側の底に切ったストローを十字状にセロハンテープで留めて自作できる。

【アドバイス】

・3個のカップを積み上げて，元に戻していくことを繰り返すことから始めよう。

・カップは縁を持ち，カップの上をつかんだり，力を込めすぎないようにしよう。

体を動かすのが楽しくなる！あそびのポイント

・3-6-3やいろいろな積み上げ方を考えて競うと楽しさが増します。

・人数が多いときは，リレー形式にするとチーム同士の競争になり盛り上がります。

（山﨑 功一）

用具

79 スラックレール

対象人数：1人〜

筋力	瞬発力	持久力	平衡性	柔軟性	協応性	敏捷性

スラックレールは乗ったり，つないで歩いたり，ゲームをしたりとバランス感覚や体幹・集中力が向上します。個人でも集団でも乗っていろいろなことが楽しめます。

3cm×6cm×90cm

❶片足で立ったり座ったり前後に歩いたりする。

❷2チームに分かれレールをつなぎ，上を歩きじゃんけんゲームをする。

❸レールを円形につなげ，落ちないように回る。

❹1本のレールに両足で乗って尻ずもうをする。

＊市販のスラックレールの代用品として，線を引く・タオルの長辺を丸めてくくる・竹を縦半分に切る，といったものの上に乗ることもできます。

【アドバイス】

・足をまっすぐ乗せて前を向いて肩でバランスを取っていこう。

・歩いていくときは，焦らずに体の軸を意識してゆっくり進もう。

体を動かすのが楽しくなる！あそびのポイント

・つないでいろいろなコース（円，ジグザグ等）をつくり，乗って歩いたりゲームをすると楽しく遊べます。

・つないで土俵をつくってすもうをしたり，オブジェをつくったりすると違った楽しみ方ができます。

（山﨑 功一）

80 すもうあそび（手押し・尻）

対象人数：2人〜

筋力	瞬発力	持久力	平衡性	柔軟性	協応性	敏捷性

2人で手のひらで押し合う「手押しすもう」。後ろ向いてお尻で押し合う「尻ずもう」。押したり，引いたりすることで楽しめるあそびです。

Check!
腕を軽く曲げて届く距離でやってみる。

Check!
足元に線を引いてもいい。

❶2人が向かい合って，手を合わせる準備をする。

❷「始め」の合図で相手の手のひらを押し合いすもうを始める。

❸足が元の位置から少しでも動いたほうが負けとなる。

❹背中合わせでお尻で対決すれば尻ずもうとなる。

【アドバイス】

・強く押したり弱く押したり，相手の様子を見ながら駆け引きをしよう。

・押すと見せかけて押さないなど，引き技も使おう。

体を動かすのが楽しくなる！あそびのポイント

・片足で立ってやるとバランスが取りにくく，違った楽しさが味わえます。

・複数の人数やトーナメント戦でやるとさらに楽しさが増します。

（澤 宜英）

ペア・集団

81 ペアタッチ

対象人数：2人

筋力	瞬発力	持久力	平衡性	柔軟性	協応性	敏捷性

ペアで相手の体をタッチし合う遊びです。相手に触られないように避け合いながら相手を触ることが楽しいあそびです。

ねらおう

タッチ！

❶2人組をつくる。

❷握手をする。

❸スタートの合図で，腕を引いたりゆるめたりしながら相手のバランスを崩し，相手の膝にタッチできたら勝ち。

【アドバイス】

・力任せに押したり引っ張ったりするのではなく，相手のバランスを上手に崩そう。

・フェイントを入れて，相手の膝がタッチしやすい位置になるようにしよう。

体を動かすのが楽しくなる！あそびのポイント

・相手の膝だけではなく，お尻や背中などタッチする場所を変えたり，しっぽをつけてしっぽ取りにすると避ける動きが変わります。

・タッチではなく，「足を動かしたら負け」とルールを変えると，バランス崩し遊びにもなります。

（永末 大輔）

82 バランスくずし

対象人数：2人〜

筋力	瞬発力	持久力	平衡性	柔軟性	協応性	敏捷性

向かい合って，両手を合わせて押したり引いたりして相手のバランスをくずす遊びです。単純な力比べではなく，駆け引きが重要になります。

Check!
肘が曲がるくらいの距離で向かい合う。

Check!
足が動いてしまったり，手のひら以外のところに触れたら負け。

❶足を閉じて向かい合う。

❷お互いの両手のひらを合わせて，肘が曲がるくらい離れる。

❸両手のひらが離れないように，押したり引いたりしてバランスをくずし合う。

❹足が動いたり，手のひら以外の場所に触れたりしたら負け。

【アドバイス】

・相手が押してきた瞬間に合わせて押そう。

・相手に引かれると負けるから，重心は足の上に残しておこう。

体を動かすのが楽しくなる！あそびのポイント

・片足で開始とすると，さらにバランス感覚が磨かれます。

・1人ずつ代表が出て勝ち抜きで行うチーム戦や，トーナメント戦などにするとさらに盛り上がります。

（熊野　昌彦）

83 反対シグナル

対象人数：4人〜

筋力	瞬発力	持久力	平衡性	柔軟性	協応性	敏捷性

リーダーが言ったことと反対の動作をします。瞬時に反対の動きを考えて，動きで表せるかが楽しいあそびです。

❶リーダーを1人決める。

❷リーダーは「走って」「止まって」「手を上げて」等の動きを指示する。

❸リーダー以外の人は，リーダーが言ったことと反対の動きをする。反対の動きができなかった人はその場に座る。

❹制限時間内を決めてリーダーを交代して遊ぶ。

【アドバイス】

・声が届くように，動ける範囲を決めよう。

・みんなが分かりやすい動きを指示しよう。

体を動かすのが楽しくなる！あそびのポイント

・慣れてきたら，リーダーが動きを言うテンポを速くするとさらに楽しめます。

・リーダーの「仲間」を入れて，リーダーの言ったことと同じ動きをして惑わす役を入れると，判断が難しくなりさらに楽しくなります。

（村上 雅之）

84 レジ袋あそび

対象人数：2人～

筋力	瞬発力	持久力	平衡性	柔軟性	協応性	敏捷性

「ぞうさん」の歌を歌いながら，レジ袋を投げ上げたりつかんだりするあそびです。慣れてきたら，2人の間隔を広げたり，レジ袋の数を変えたりすると，さらに楽しくなります。

Check!
2人でやる場合は，その場に投げ上げて，お互い相手がいた場所に走っていって取る。（クロスではない）

Check!
3人以上は回る。

Check!
2つ使う場合は，「投げる・投げる・つかむ・つかむ」

❶歌いながら「ぞ～♪」でレジ袋を投げ上げて移動し，「さん♪」で友達のレジ袋をつかむ。これを歌いながら繰り返す。

「ぞ～♪（投げ上げ）さん♪（つかむ）　ぞ～♪（投げ上げ）さん♪（つかむ）　お～♪（投げ上げ）鼻が♪（つかむ）　長いの♪（投げ上げ）ね♪（つかむ）　そ～♪（投げ上げ）よ♪（つかむ）　母さん♪（投げ上げ）も♪（つかむ）　な～♪（投げ上げ）がいの♪（つかむ）　よ～♪（投げ上げ）　♪（つかむ）」

【アドバイス】

・友達と一緒に歌いタイミングを合わせよう。

・相手がつかみやすいように，高く投げ上げて移動しよう。

体を動かすのが楽しくなる！あそびのポイント

・人数を増やす，移動の仕方を変える等アレンジするとより楽しくなります。

・レジ袋を2つにし両手を使うと難しくなり，挑戦意欲も増します。

（岩﨑 敬）

85 フラフープ取り

対象人数：6人〜12人

筋力	瞬発力	持久力	平衡性	柔軟性	協応性	敏捷性

おなじみ「椅子取りゲーム」のフラフープ版です。椅子と違いフープには色がついているため，指定される色を予想する楽しさが増える遊びです。

Check!

同時にフープに入ったときは，じゃんけんしよう。

Check!

好きな歌をみんなで歌おう。

赤！

Check!

最初は，人数とフープの数を同じにする。フープがない場合は○△□を地面に描いて行う。

❶複数色のフープを規則的に円状に置く。（例：赤・青・黄・赤・青……）

❷参加者を3チームに分け，ランダムに並んで円になる。

❷みんなが知っている歌を歌いながらフープの外側を回る。音楽が止まったらリーダーは大きな声で色を伝え，指定した色のフープの中に入る。10回行いフープに入った回数をチームで競う。

【アドバイス】

・回るときはフープからできるだけ離れないで回ろう。

・フープに入るときに他の人と重なりそうなときは，無理に突っ込まないようにしよう。

体を動かすのが楽しくなる！あそびのポイント

・2回戦以降はチーム同士で話し合って，フラフープの数を増やしたり減らしたりすると盛り上がります。

・ただ歩くだけでなく，スキップやケンパーなど動きを変えるとさらにドキドキ感が増します。

（岩﨑 敬）

86 木とリス

対象人数：大人数

筋力	瞬発力	持久力	平衡性	柔軟性	協応性	敏捷性

2人組の「木」と1人の「リス」の組み合わせをつくります。友達との組み合わせが変わりながら楽しむことができるあそびです。

オオカミが来た！

❶3人組をつくり，2人が両手をつなぎ「木」をつくる。1人がその中にしゃがみ「リス」になる。

❷鬼を1人決めてコールする。

・「木こりが来たぞ」→「木」が逃げる→他の「リス」の上で他の人と「木」をつくる

・「オオカミが来たぞ」→「リス」が逃げる→ほかの「木」の中に入る

・「アラシが来たぞ」→みんなが逃げる→シャッフルして「木」「リス」をつくる

・残った1人が次の鬼でこれを繰り返す。

【アドバイス】

・鬼は大きな声でコールしてすぐに逃げ込もう。

・コールされたら逃げる人はすぐに他の友達を探して逃げ込もう。

体を動かすのが楽しくなる！あそびのポイント

・「○○の中の□□」などとアレンジして，移動の仕方を考えたり，コールする言葉もみんなで相談するとバリエーションが増えて楽しくなります。

（澤 宜英）

87 人間知恵の輪

対象人数：4人〜7人

筋力	瞬発力	持久力	平衡性	柔軟性	協応性	敏捷性

手をつないで知恵の輪をつくり，協力して絡まった輪をほどきます。ひねったりくぐったりまたいだりうまく解けると頭がスッキリするあそびです。

❶みんなで中を向いて手をつないで輪をつくる（解く人を別に決める）。

　【ルール：・隣の人と手をつながない。　・同じ人と手をつながない。】

❷手を離さずに，手を上げてくぐったり，足でまたいだりして絡まる。

❸解く人は，絡まった輪を少しずつほどいていく。

❹うまく解けて1つの輪になれば終了（2つの輪になることもある）。

【アドバイス】

・輪をつくる人は無理に引っ張ったり，ひねったりしないように安全面に気を付けよう。

・解く人は，「○○を動かして…」と手を添えてやさしく動かしていこう。

> **体を動かすのが楽しくなる！あそびのポイント**
>
> ・実況中継や時間を決めたりして盛り上げると，さらに楽しくなります。
>
> ・「あーでもないこーでもない」とみんなで知恵を出し合いチャレンジを繰り返していくようにすると，挑戦する楽しさが増します。

（澤 宜英）

88 なべなべそこぬけ

対象人数：2人〜

筋力	瞬発力	持久力	平衡性	柔軟性	協応性	敏捷性

手をつないで輪をつくり，歌いながら体を回転させます。友達と触れ合いながら，気持ちを合わせる楽しさを実感できるあそびです。

❶向かい合って，両手をつなぎ，輪をつくる。

❷「♪なべなべそこぬけ　そこがぬけたら〜」と歌いながら，手を左右に振る。

❸「♪かえりましょ〜」で，片方の手を上げて引っくり返り，背中合わせになる。

❹背中合わせで同じことをくり返し，向かい合わせに戻る。

【アドバイス】

・肩や手が痛くならないよう最初はゆっくりとしたリズムから始めよう。

・手を振るスピードや視線を合わせて，手が離れないようにしよう。

> **体を動かすのが楽しくなる！あそびのポイント**
>
> ・大人数のときは2人が門になり，そこを抜けるように引っくり返ると，ダイナミックな動きになり，さらに楽しくなります。
>
> ・歌の最後を「♪座りましょ」「♪集まろう」などに変えると，動きが広がります。

（岩田　未来）

89 あんたがたどこさ

対象人数：1人〜

筋力	瞬発力	持久力	平衡性	柔軟性	協応性	敏捷性

童歌の中の手まり歌の１つです。歌に合わせてお手玉を回したり，ボールをついたり遊び方の工夫がたくさんできる昔あそびです。

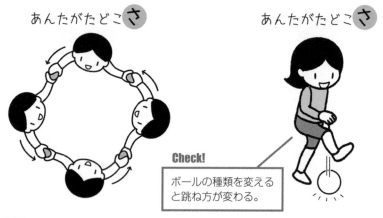

あんたがたどこさ

あんたがたどこさ

Check!
ボールの種類を変えると跳ね方が変わる。

お手玉

❶お手玉を１人１つ持ち，円になる（２人の場合は向かい合う）。

❷『肥後手まり唄』（あんたがたどこさ）を歌い，「さ」のところで右隣の人にお手玉を渡す。

❸最後の「♪ちょいとかーぶーせ〜」でお手玉を自分の頭に乗せる。

ボール

❶歌いながらボールをつき，「さ」のところで足の下にくぐらせる。

【アドバイス】

・みんなで「さ」を強調するように歌って，タイミングを合わせよう。

・ボールが地面についている間に素早く足を回そう。

体を動かすのが楽しくなる！あそびのポイント

・「さ」で何をするかを自分達で考えれば遊び方が無限に広がります。

（例）向かい合って手拍子をしながら「さ」で両手を合わせる。

円になってジャンプをし「さ」で右に跳ぶ。

（岩田　未来）

90 花いちもんめ

対象人数：6人〜

筋力	瞬発力	持久力	平衡性	柔軟性	協応性	敏捷性

2組でかけ合いをしながら，じゃんけんでメンバーのやりとりをします。歌に合わせた動きや，ヒソヒソ相談するなど楽しいポイントがたくさんあるあそびです。

❶ 2組に分かれて横一列に並び，手をつなぐ。

❷『花いちもんめ』の歌を歌いながら，前進と後進を繰り返す。

❸「♪相談しよう　そうしよう〜」で，相手チームから欲しい人を相談する。

❹選ばれた人はじゃんけんをし，負けたら相手チームに入る。

❺これを繰り返し，相手チームに誰もいなくなったら勝ち。

【アドバイス】

・時間を決めて人数の多いほうが勝ちにするなどルールを工夫しよう。

・同じ人ばかりのやりとりにならないよう，しっかり相談しよう。

体を動かすのが楽しくなる！あそびのポイント

・じゃんけんをするときに，動物や乗り物に変身して移動するとさらに楽しくなります。

・地域によって違う，いろんな『花いちもんめ』を調べると動きが広がります。
　例）「♪お布団かぶって来ておくれ〜」（関東）「♪ばいばい　あっかんべ〜」（九州）

（岩田　未来）

91 かごめかごめ

対象人数：5人〜

筋力	瞬発力	持久力	平衡性	柔軟性	協応性	敏捷性

手をつないで歌いながら歩き，鬼の後ろに止まった人を当てます。人数や年齢を選ばず，誰でもどこでも楽しめるあそびです。

❶鬼を1人決めて両手で顔を覆い，その周りに円になって手をつなぐ。

❷「♪かーごめ　かーごめ〜」と歌いながら，鬼の周りを歩く。

❸「♪うしろのしょうめん　だーれ〜」で止まり，その場にしゃがむ。

❹鬼は自分の後ろが誰なのかを当てる。

❺当たれば鬼を交代し，当たらなければ続けて鬼をする。

【アドバイス】

・声やそわそわした雰囲気，気配をじっくり感じて後ろの人を当てよう。

・なかなか当たらないときは，後ろの人が声を出したり，「男の子」「〇〇が好き」などのヒントをあげよう。

体を動かすのが楽しくなる！あそびのポイント

・鬼の周りを歩くだけでなく，スキップやケンケンなどで回ると動きが広がります。

・大人数になったときは，鬼を増やすとみんなで楽しめます。

・集まった人で遊んでいけば，異学年交流にもつながります。

（岩田　未来）

92 あぶくたった

対象人数：5人〜

筋力	瞬発力	持久力	平衡性	柔軟性	協応性	敏捷性

鬼の周りで歌に合わせて動き，最後は散らばって逃げます。歌のかけ合いや逃げるタイミングを見極めるのが楽しいあそびです。

Check!

広い場所だとたくさん逃げ回れる。

❶鬼（豆役）を1人決めて両手で顔を覆い，その周りで円になり手をつなぐ。

❷「♪あぶくたった　にえたった〜」と歌いながら，鬼の周りを歩く。

❸豆が煮えたら，食べるふりや寝るふりなど，歌に合わせた動作をする。

❹「トントントン　何の音？」「○○の音」というやり取りをくり返し，鬼が「おばけの音」と言ったら逃げる。

❺最初につかまった人が，次の鬼（豆役）になる。

【アドバイス】

・鬼の声をよく聞き，すぐ逃げられるよう態勢を低くして構えておこう。

・「むしゃむしゃ」と友達に触れるときは，やさしく触れるようにしよう。

体を動かすのが楽しくなる！あそびのポイント

・大げさに動いたり，鬼の周りをスキップで回ったりすると動きが広がります。

・豆が煮えてから寝るまでの間の動きを自分たちで考えるとさらに楽しめます。

　例）「♪お皿をあらって　お風呂に入って　お布団しいて　おやすみなさい〜」

（岩田　未来）

93 なわとび歌「おじょうさん」

対象人数：2人〜

筋力	瞬発力	持久力	平衡性	柔軟性	協応性	敏捷性

歌いながらなわとびを跳びます。何人でも遊ぶことができ，みんなで歌ったり，タイミングを合わせたり，気持ちを合わせる心地よさを感じられるあそびです。

Check!
少人数の場合は短なわで。

Check!
大人数の場合は大なわで。

少人数

❶1人が「♪おじょうさん　お入んなさい　さあどうぞ〜」と歌う。

❷もう1人が「♪ありがとう」と歌いながらなわに入り，一緒に跳ぶ。

大人数

❶少人数のときと同じようにしながら，どんどんなわに入る。

❷誰かが引っかかったら，回し手と交代する。

【アドバイス】

・回っているなわを追いかけるようにして入ろう。

・みんなで歌って，なわを跳ぶリズムを合わせよう。

体を動かすのが楽しくなる！あそびのポイント

・なわに入った後じゃんけんをし，負けたら外に出るなどルールを工夫するとさらに楽しくなります。

・「しゃがんで」「ケンケンで」など跳び方を工夫すると動きが広がります。

（岩田　未来）

94 おしくらまんじゅう

対象人数：4人〜

筋力	瞬発力	持久力	平衡性	柔軟性	協応性	敏捷性

かけ声のもと背中合わせで体を使って押し合うあそびです。押したり押されたりするところに楽しさや面白さがあります。

歌（伝承）

❶人数に合わせて適当な円を描き，みんな背中合わせで中に入る。

❷腕を胸の前で組み，「おしくらまんじゅう，押されて泣くな」とかけ声をかけながら，背中やお尻で押し合う。

❸円から出たり，地面についたりしたら円の外に出る。

❹最後まで残った人が勝ち。

【アドバイス】

・かけ声に合わせ押しやすい姿勢で，背中や肩などを使って押し出そう。

・歌いながらみんなで押し合って，寒い季節に体をぽかぽかにしよう。

> **体を動かすのが楽しくなる！あそびのポイント**
>
> ・チーム同士の勝ち抜き戦をすると，盛り上がります。
> ・円の大きさを変えたり，三角やハートなどいろいろな形にアレンジすると変化があって楽しさが増します。

(中屋 浩典)

95 ケッタ（高知）

対象人数：5人〜

筋力	瞬発力	持久力	平衡性	柔軟性	協応性	敏捷性

缶蹴り遊びを基にした，かくれんぼの発展形です。ただ隠れているだけでは勝敗が決まらない，鬼との駆け引きを楽しめるあそびです。

Check!
広いところや隠れる場所が多いところが好ましい。

❶鬼を1人決め，陣地となる木や壁などで数を数えている間に，かくれんぼのように隠れる。

❷鬼は隠れている人を探し，見つけたら陣地まで戻り，木や壁をタッチしながら「〇〇さん　ケッタ」と言う。

❸全員をつかまえたら鬼の勝ち，最初につかまった人が鬼になる。隠れている人が1人でも先に陣地をタッチしたら，最初からやり直す。

【アドバイス】

・隠れている人同士で作戦を立て，鬼に隙をつくろう。

・見つかりにくいだけでなく，走り出しやすい場所に隠れよう。

体を動かすのが楽しくなる！あそびのポイント

・大人数のときは鬼の人数を増やすと，見つかる緊張感が高まり，より楽しめます。

・隠れ場所を1回は移動する，鬼が陣地に留まることができる時間を制限するなどルールを追加すると，じっとしている時間が少なくなり動きが広がります。

（岩田　未来）

96 名前呼び（新潟）

対象人数：3人〜

筋力	瞬発力	持久力	平衡性	柔軟性	協応性	敏捷性

ボールを投げたら友達の名前を呼びます。呼ばれた人はボールを捕ります。少ない人数でも楽しめる，ちょっとドキドキするあそびです。

防球ネット

Check!
鬼以外の子どもが前に出すぎないようラインを引いてもよい。

地域限定・オリジナル

❶鬼が他の人の名前を呼んでボールをネットに向かって投げ，名前を呼ばれた人がネットに跳ね返ったボールを捕る（鬼交代）。

❷捕ったら❶を行い，エラーしたら，鬼以外の人は逃げる。

❸ボールを捕った鬼が「ストップ」と言ったときに，一番遠くにいる人が，「大股○歩，小股○歩」と指示をする。

❹鬼は指示された位置からボールを投げて逃げた人に当てたら鬼交代。外したらもう一度鬼になる。

【アドバイス】

・捕ったらすぐに名前を呼んで投げよう。

・ボールの落下点に素早く移動して捕ろう。

体を動かすのが楽しくなる！あそびのポイント
・人数が多いときは，2グループで行います（1グループ4，5人程度）。 ・投げる高さや強さを調整して投げると楽しさが高まります。

(小林 治雄)

97 スティック鬼（オリジナル）

対象人数：4人〜

筋力	瞬発力	持久力	平衡性	柔軟性	協応性	敏捷性

スティックでのタッチによって行う鬼ごっこです。距離が詰めやすくタッチしやすいので，鬼の交代が速いスリリングな展開が望めます。

Check!

100円ショップ等で購入できるプールスティック（120cm）をスティックとして使用する。使いやすい長さにカットすることもできる。

Check!

人数に合わせて，遊ぶ範囲（コート）を決めると，鬼が間合いを取って子を追い込めるので，走力差に関係なく楽しみやすくなる。

❶じゃんけんで鬼を決め，鬼はスティックを持つ。

❷スティックで子にやさしく触れたら「タッチ」と言って，その場にスティックを置き，鬼を交代する。

❸鬼は，タッチ返しをせずに，別の子を追いかける。

【アドバイス】

・鬼は，スティックが届く距離まで子に近づけばよいので，諦めずに距離を詰めていきましょう（コートの端に追い込むなど）。

・子は，スティックの間合いを意識しながら逃げましょう。

体を動かすのが楽しくなる！あそびのポイント

・スティック（鬼）の数を増やすと，難易度が上がりハラハラドキドキ感が増してより楽しめます。

・手つなぎ鬼，高鬼など，幅や高さを必要とするものにスティックを使うと，スリリングさが増します。

（井上 貴臣）

98 吉四六さんの天のぼり（大分）

きっちょむ

対象人数：4人〜

筋力	瞬発力	持久力	平衡性	柔軟性	協応性	敏捷性

大分県に伝わる「吉四六話（きっちょむばなし）」にちなんでつくられたあそびです。押したり引っ張ったりもしますが，チームで協力することが楽しいあそびです。

Check!
地（スタート）は内野が全員入っても，外から手が届かない大きさにする。

Check!
天につくまで後戻りはできない。

天

地

天（折り返し）

❶内野（吉四六さん）と外野（鬼）の2チームに分かれる。

❷地面に上の図にあるような天と地を結ぶ好きな図を描く。

❸内野はタイミングを見計らい，地から天に上り，地に帰ってくる。外野は内野を引っぱったり押したりして線の外に出す。

❹内野は線の外に出されたらアウト。内野が全員外に出されたら外野と交代する。内野が1人でも天まで行って地に戻ることができたら，アウトになった内野全員が復活する。

【アドバイス】

・内野はフェイントやおとりなどの攻めの作戦を立てよう。

・外野は，誰が誰をマークする等の役割や個々の場所のポジショニングをしっかり話し合おう。

体を動かすのが楽しくなる！あそびのポイント

・みんなで相談しいろいろなコースを考えると，さらに楽しく遊べます。

・異学年でやると縦のつながりができて仲よくなります。

（岩﨑 敬）

地域限定・オリジナル

99 へびのしっぽつかみ（大分）

対象人数：9人～

筋力	瞬発力	**持久力**	平衡性	柔軟性	協応性	**敏捷性**

各チームの先頭の人が，他のチームの最後尾の人にタッチするあそびです。自分の体と違い，思い通りに素早く動けないところも楽しさの1つです。

❶3人～5人を1チームとし，いくつかのチームに分かれる。

❷チームごとに両手で前の人の肩をつかんで数珠つなぎになる。

❸「始め」の合図で，列の先頭の人が，他の組の最後尾の人（しっぽ）にタッチする。

❹タッチするチームは，列が切れた状態でタッチしても，そのタッチは無効になる。

❺最後まで残ったチームが勝ちとなる。

【アドバイス】

・他チームにタッチされないよう，仲間で周囲をよく見て声をかけ合おう。

・ねらうチームを決めたら一気に追いかけよう。

体を動かすのが楽しくなる！あそびのポイント

・逃げる範囲を決めたり，範囲に木や遊具が入ると変化が出て楽しくなります。

・最後尾の人に尻尾（ハンカチなど）をつけて取るなどにルールを変えてみると，さらに守るバリエーションも増えて楽しめます。

（岩﨑 敬）

100 ジャングルボルダリング（オリジナル）　対象人数：1人〜

筋力	瞬発力	持久力	平衡性	柔軟性	協応性	敏捷性

あらかじめ決められたカラーテープのルートに沿って，ジャングルジムを登っていきます。いろいろなルートで登れるのが楽しい遊びです。

❶登るルートを決めて手の位置・足の位置にカラーテープを貼る。

❷テープの位置を目印に登っていく。

❸自分や友達のつくったルートを攻略したり，2チームに分かれてルート攻略の競い合いをする。

【アドバイス】

・手の位置，足の位置でカラーテープの色を変えるなど，実際にやってみて目印をつくっていこう。

・次のことだけでなく，先のことを考えて進むルートを決めよう。

体を動かすのが楽しくなる！あそびのポイント

・友達と相談しながらルートづくりを工夫します（どうすればうまく登れるのか？　登れないのか？）。

・テープを4色用意して右手・左手・右足・左足専用テープをつくると，難易度がアップしてさらに挑戦意欲が生まれます。

（澤 宜英）

101 のぼり棒だるまさんがころんだ (広島)

対象人数：4人〜

筋力	瞬発力	持久力	平衡性	柔軟性	協応性	敏捷性

のぼり棒を使った「だるまさんがころんだ」です。鬼がどちらを選ぶのかドキドキ感を感じながら登ったり降りたりするのが楽しい遊びです。

Check!

「だるまさんが降りた！」のときに高さが変わっていないければ鬼を交代。

だるまさんがのぼった！

Check!

鬼が登る場合：子が3秒数え終わるまでに登り、全ての子よりも高く登ったら鬼の勝ち。

Check!

鬼がタッチする場合：子を1人選び、足を目がけてジャンプしてタッチできたら鬼を交代。子は動いてはだめ。

❶鬼を1人決め，子はのぼり棒を登る準備をする。

❷鬼が「だるまさんが登った」と叫ぶと子は登り棒を登る。

❸鬼が「だるまさんが降りた！」と叫ぶと子は登り棒を降りる。

❹2回目の「だるまさんが登った！」を鬼が叫び終わったときの場所で子は待つ。ずるずるすべると子の負けで鬼を交代する。

❺子が動きを止められたら，鬼が選んだ方法（タッチか登るか）で動く。負けた人が2人以上いた場合はじゃんけんで次の鬼を決める。

【アドバイス】

・鬼は子のいる位置によってタッチか登るかを決めよう。

・子は，手や足を使ってすべらないようにしよう。

体を動かすのが楽しくなる！あそびのポイント

・動きを止めるときの体勢を足を上に上げるなど工夫すると動きが広がります。

・鬼が叫ぶスピードを変えると，登り降りする子の動きに変化が出てきます。

（松田 綾子）

102 だいげん（大阪）

対象人数：5人〜

筋力	瞬発力	持久力	平衡性	柔軟性	協応性	敏捷性

4つに分けたコートでボールを蹴り合い，ボールを落とさないようにするあそびです。ステージが上がったり下がったりするところに楽しさや魅力があります。

Check!

■1ダウン
①自分で自陣に落とす。
②2バウンドする。
■2ダウン
①ホームラン（ラインを越える）。
②ハンド（手に触れる）。

Check!

ボールはサッカーボールやドッジボール，ビーチボールでも可。

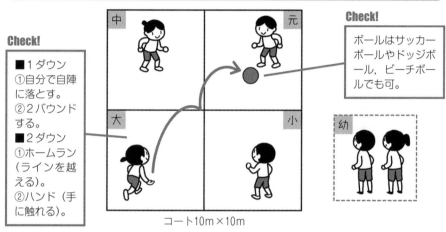

コート10m×10m

❶じゃんけんで始める場所を決め，大から元にワンバウンドのボールを下投げで投げ，元が自分以外（小，中，大）にボールを蹴る。

❷元が蹴った後は，ボールが自陣で2バウンドする前に敵陣に蹴る。自分で蹴って自陣に落ちると「1ダウン」（大が1ダウン＝大と中が入れ替え）。

❸ランクアップは，幼→小→中→大→元。ランクダウンは逆。

❹5人以上で遊ぶ場合は，幼をつくり，順番に並んで待つ。

【アドバイス】

・相手が取りにくい場所に蹴ろう。普段からリフティングの練習をしておこう。

・リフティングをうまくするには，蹴るボールの高さを顔より低くしよう。

体を動かすのが楽しくなる！あそびのポイント

・人が蹴るときにみんなで数をカウントすると楽しくなります。

・人数が多い場合は，2人チームをつくって遊ぶと協力できて楽しくなります。

・何度も小から上がれない人がいる場合，その人のみ2バウンドOKにします。

（藤井 朋樹）

地域限定・オリジナル

103 ドッジモー（高知）

対象人数：8人〜

筋力	瞬発力	持久力	平衡性	柔軟性	協応性	敏捷性

ドッジボールのルールでドッジボールとドッヂビーの両方を使うあそびです。
ボールの種類が違うので，投げ方や受け方の違いが楽しいあそびです。

コート10m×20m

Check!
初めに外野に出る2人は仲間が当てられて外に出たら，内野に入ることができる。

❶集まった人を2チームに分ける。

❷内野の人はエンドラインに立ち，開始の合図とともにセンターラインのドッジボールとドッヂビーを取り，ゲームを開始する。

❸終了時間時にアウトになっている人が少ないほうが勝ち。

【アドバイス】

・投げる方向に対し体をひねりスナップを利かせながらドッヂビーを投げよう。

・高く投げるとゆっくりと落ちてくるドッヂビーの特徴を利用して，時間差でドッジボールを投げるようにしよう。

体を動かすのが楽しくなる！あそびのポイント

・ボールの数や，外野が当てる以外の復活の仕方（例：味方が相手の球をキャッチする等）を工夫すればさらに捕ろうとする動きが出てきます。

・異学年で交流する場合は，上級生にハンディ（利き手ではないほうで投げたり，復活できなくしたりする等）をつけると一緒に楽しむことができます。

（中屋 浩典）

104 ウサギとイヌ（南アフリカ）

対象人数：4人〜

筋力	瞬発力	持久力	平衡性	柔軟性	協応性	敏捷性

イヌにつかまらないように，ウサギが円から円に移動する遊びです。追いかけたり，逃げたりすることで楽しむことができます。

Check!

円との円の間隔は，人数によって決める。

❶鬼役のイヌを1人決め，他の人はウサギになる。

❷円を2つつくり，一方の円にウサギ，外にイヌが立つ。

❸開始の合図で，ウサギはもう一方の円に走る。

❹イヌがウサギにタッチすると，終了する。タッチされたウサギがイヌになる。

【アドバイス】

・イヌの人は，ウサギの人の動きをよく見て，腰を落としてどの方向にも動けるようにしておこう。

・ウサギの人同士で話をして，移動の仕方を考えて動こう。

体を動かすのが楽しくなる！あそびのポイント

・参加人数により，イヌの人数を変えると動き方を考える楽しさが増します。

・移動の仕方（ケンケン等）や円との間隔（距離）を変えると，遊びがアレンジされて楽しさがいっそう増します。

（山﨑 功一）

105 パンタランタン（フィリピン）

対象人数：4人～

筋力	瞬発力	持久力	平衡性	柔軟性	協応性	敏捷性

タッチされずに何人通り抜けることができるかを競うあそびです。友達と作戦を立てて攻めたり守ったりすることで楽しめます。

Check!
2～3mの
□を8つ描
く。

Check!
手前の四角
から移動し，
向こうの四
角まで行け
ば1点。

ゴール ← スタート →

Check!
攻めは線を踏んではだめで，
守りは線の上だけ動ける。

❶2組に分かれ，攻める側と守る側になる。

❷攻めは線を踏んではいけない。守りは線の上だけ動ける。

❸攻めはタッチされず，四角を通り抜け端から端まで移動できたら1点。

❹四角を通り抜けた人数で勝負をする。（攻守は交代して遊ぶ）

【アドバイス】

・攻めも守りも作戦を立て，役割を決めて攻めたり守ったりしよう。

・攻めは前後左右に動いて守りを惑わそう。守りは手を広げて攻めの動きを
　狭めよう。

体を動かすのが楽しくなる！あそびのポイント

・人数によって，長さを変えたり枠を増やしたりすると，動きが広がりより楽し
　むことができます。

・タッチの代わりにしっぽを取るようにしたり，ボールを何個運べるかなどアレ
　ンジすると動きの工夫ができます。

（山﨑 功一）

106 しっぽ食いへび (中国)

対象人数：4人〜

筋力	瞬発力	持久力	平衡性	柔軟性	協応性	敏捷性

へびの頭の人がへびのしっぽの人を捕まえるあそびです。列をつくる人はしっぽの人が捕まらないように動き，頭の人はしっぽの人を捕まえるのが楽しいあそびです。

頭

しっぽ

Check!

へびの頭の人はへびのしっぽの人を追いかける。

❶全員で手をつなぎ列をつくり，先頭がへびの頭，最後がしっぽとなる。

❷頭の人はしっぽの人を追いかけ，捕まったら列から抜ける。

❸頭としっぽの間の人は，しっぽが捕まらないように動き回れる。

❹列が切れたら，切れたところの両側の人と，切れた子ども全員が列から抜ける。

❺最後のしっぽの人が捕まったら終わりとなる。

【アドバイス】

・頭の人はフェイントをかけたり，素早い動きで列をくずそう。

・列の中の人はしっぽの人に頭の人の動きを，声をかけて伝えよう。

体を動かすのが楽しくなる！あそびのポイント

・人数によって列の長さを変えると，みんなが頭やしっぽなど，いろいろと経験できます。

・後ろの端の人が，しっぽをつけたりして捕るようにすると，違った楽しみ方を味わえます。

(山﨑 功一)

外国

107 ブワン・ブワン（フィリピン）

対象人数：4人〜

筋力	瞬発力	持久力	平衡性	柔軟性	協応性	敏捷性

円を描き，鬼は線の上を動きながら円の中の人をタッチします。鬼は動き回り，中の人は逃げ回るところに楽しさがあります。

Check!
鬼以外は円の中にいる。

Check!
鬼は線の上のみ動ける。

❶直径4mくらいの円を描く（人数によって大きさを変える）。

❷鬼を1人決め線の上に立ち，他の人は円の中に入る。

❸鬼は線の上を動いて，中の人をタッチする（足が線上なら手をついても可）。

❹タッチされた人は鬼と代わる。

【アドバイス】

・鬼は中の人の動きを見て，フェイントをかけて素早く動こう。

・円の中でかたまらず，鬼より遠いところに動いていこう。

体を動かすのが楽しくなる！あそびのポイント

・円の形を変えたり，線を増やしたりしてアレンジするとより楽しめます。

・最初から鬼を増やしたり，タッチされたら鬼が増えるようにすると，鬼も円内の人も気が抜けなくなり，さらに遊びに集中できます。

（山﨑 功一）

108 ホウババンデイラ（ブラジル）

対象人数：8人〜

筋力	瞬発力	持久力	平衡性	柔軟性	協応性	敏捷性

2チームに分かれ相手の陣地の外にある旗を取るあそびです。みんなで協力し作戦を立て旗を取ったり、旗を取らせないようにすることで仲間と楽しめます。

Check!

・ドッジボールコート（人数により広さを決める）
・エンドラインの外に旗を置き、スタートとなる。
・相手陣地から旗を取り、自分の陣地に入ると勝ち。

赤（陣地）　　　　白（陣地）

❶2チームに分かれ、エンドラインの外に旗を置き、自陣地に入る。

❷合図の後、相手陣地に入り、相手の旗を取りにいく。

❸相手陣地でタッチされると動けなくなるが、味方のタッチで動ける。

❹相手の旗を取り、自分の陣地に早く帰ってきたほうの勝ち。

【アドバイス】

・チームで作戦を立てて、仲間と協力して旗を取りにいこう。

・攻める人は隙間を見つけたり、おとりを使ったりして協力し、旗を取りにいこう。守る人は、仲間と協力して隙間を空けないようにしよう。

体を動かすのが楽しくなる！あそびのポイント

・旗をボールに変えて、何か所か置いておくと攻め方や守り方が変わり、楽しさが増します。

・タッチの代わりにしっぽにすると、しっぽを取る楽しさも加わります。

（山﨑 功一）

外国

109 ブラダ（ケニア）

対象人数：3人〜

筋力	瞬発力	持久力	平衡性	柔軟性	協応性	敏捷性

両足を揃えたり開いたりしてゴムを跳びます。跳び方に変化があり工夫して遊べるところに楽しさがあります。

❶ゴムひもを結び，2人が向かい合って立ち，結んだゴムひもに足をかけピンと張る。

❷足首の高さに合わせて，上の図の1から順に7まで7回跳ぶ。

❸1〜7まで跳べたら高さを，足首→ふくらはぎ→膝→太もも…と上げていく。

❹ゴム役は交代しながらやり，できた高さやタイムを競って遊ぶ。

【アドバイス】

・みんなで「右」「左」…と声を出して，リズムをよく跳ぼう。

・跳ぶときに両腕を下から上に上げて手と足のバランスで高く跳ぼう。

体を動かすのが楽しくなる！あそびのポイント

・跳び方の順番や方法を考え，オリジナルの跳び方をつくると種類が増え楽しめます。

・3人でゴムを張ったり（△）2組でクロスしたりする✛といろいろな跳び方ができます。

（山﨑 功一）

110 ペタンクあそび（フランス）

対象人数：2人〜

筋力	瞬発力	持久力	平衡性	柔軟性	**協応性**	敏捷性

ビュット（目標球）に向かって投げ，誰が一番近いかを競争します。一球一球集中して投げ，投げる感覚がつかめる楽しいあそびです。

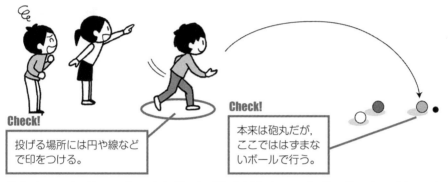

Check!

投げる場所には円や線などで印をつける。

Check!

本来は砲丸だが，ここでははずまないボールで行う。

外国

❶各自で同じボールを用意し投げる順番を決める。まず，的になるビュット（目標球）を投げる人を決め，好きなところに下から投げる。

❷その後1人ずつ下から投げ，一番的に近い人は抜かれるまで次のボールは投げられない（1球投げるたびにボールを除けてマークする）。

❸全員が3回投げ終わったら，一番近い人が勝ちとなる。

【アドバイス】

・手首をこねないように投げた後，手の甲を自分に向けるようにしよう。

・ボールを投げる高低や強弱を考えてどのように転がるか意識しよう。

体を動かすのが楽しくなる！あそびのポイント

・目標線を決め，ボウリングのようにして転がして，誰が一番近いかを競う楽しみ方もあります。

・ボールを1人3個持ち，ボールを除けずにやると相手をはじきながら近づける楽しさも味わうことができます。

（山﨑 功一）

111 バンブーダンス（フィリピン）

対象人数：3人〜

筋力	瞬発力	持久力	平衡性	柔軟性	協応性	敏捷性

2本の棒をリズムよく跳び続けるダンス遊びです。1人や2人でも楽しめますが，たくさんの友達とリズムよく跳んだりすることでさらに楽しくなります。

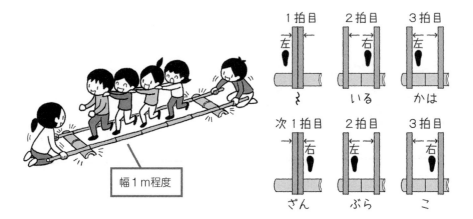

幅1m程度

❶2人で棒を2本持ち，跳ぶ人が棒の間に立つ。

❷リズムよく棒を動かし，合わせて片足で交互に跳ぶ。

「1：左外，2：右中，3：左中，4：右外，5：左中，6：右中」

❸棒は「閉じる」「開く」「開く」の繰り返しで動かす。

「1：棒同士：閉じる」「2，3：リズム台に打つ：開く」

❹跳ぶ人は❷を繰り返す。棒を持つ人は❸を繰り返す。

【アドバイス】

・棒を持つ人は，リズムに合わせて声を出そう。

・跳ぶ人は，前の人の肩に手を置こう。

体を動かすのが楽しくなる！あそびのポイント

・個人やチーム毎に何回跳べるか回数を競い合ったり，チーム対抗戦をするとさらに盛り上がります。

・3拍子のリズムができてきたら，次のステップとして歌に合わせるとさらに楽しくなります（曲：いるかはざんぶらこ，ぞうさんなど）。

（澤 宜英）

参考文献一覧

1 だるまさんがころんだ，**4** バナナ鬼，**8** 色鬼，**26** うずまきじゃんけん，

43 いろはにこんぺいとう，**44** 大波小波

「子どもの遊びポータルサイトミックスじゅーちゅ」 https://45mix.net/

3 ペアタッチ氷鬼

「おにごっこのタネ」HoiClue https://hoiclue.jp/asobi/game/catch/

13 巴鬼

「ファンタイム　子育て＆授業・学級づくりの語り場」

http://55funta.blog.fc2.com/blog-entry-164.html

24 逆かくれんぼ

日本かくれんぼ協会 https://japan-kakurenbo.com/

57 ことろドッジボール，**81** ペアタッチ

「アクティブチャイルドプログラム」日本スポーツ協会

https://www.japan-sports.or.jp/Portals/0/acp/

94 おしくらまんじゅう

「伝承遊び・昔遊びのタネ」HoiClue https://hoiclue.jp/asobi/traditional-game/

98 吉四六さんの天のぼり

『大分県につたわるこどもの遊び』大分県小学校体育研究会　光文書院　1985

99 へびのしっぽつかみ

「とびだせ元気大分っ子　体力つくり事例集」大分県教育委員会

104 ウサギとイヌ，**105** パンタラントン，**106** しっぽ食いへび，**107** ブワン・ブワン，**108** ホウババンデイラ，**109** ブラダ，**110** ペタンクあそび

『世界の子どもの遊び辞典』馬場桂一郎，岸本肇編著　明治図書　2000

『世界の子どもの遊び』寒川恒夫監修　PHP研究所　2015

「日本の遊び・世界の遊び」スミセイアフタースクール

https://sumiseiafterschool.jp/play/

【編著者紹介】

山﨑　功一（やまさき　こういち）

高知大学大学院修士課程修了（教育学）。現在，高知市立潮江南小学校。小学校体育科を中心に研究成果を論文や学会で発表。書籍等に多数執筆，指導助言も行う。様々な所持資格を生かし幼児から高齢者まで運動を中心にスポーツ・地域振興を行う。

【執筆者紹介】

岩田	未来	高知市立潮江南小学校
村上	雅之	札幌市立北九条小学校
井上	貴臣	札幌市立栄小学校
永末	大輔	千葉大学教育学部附属小学校
岩城	節臣	船橋市立法典西小学校
熊野	昌彦	新潟市立葛塚東小学校
小林	治雄	新潟市立結小学校
辻	真弘	名古屋市立東白壁小学校
藤井	朋樹	大阪府立佐野高等学校
松田	綾子	廿日市市立佐方小学校
澤	宜英	あそび塾　とむそうや
古屋	佑奈	高知県立高知国際中学校
岩﨑	敬	日田市立高瀬小学校
久保	明広	鳥栖市立弥生が丘小学校
中屋	浩典	学校法人高知学園高知小学校

学級経営サポートBOOKS

体をどんどん動かしたくなる！運動あそび111

2021年9月初版第1刷刊　Ⓒ編著者　山　﨑　功　一
　　　　　　　　　　　　　発行者　藤　原　光　政
　　　　　　　　　　　　　発行所　明治図書出版株式会社
　　　　　　　　　　　　　http://www.meijitosho.co.jp
　　　　　　　　　（企画）木村　悠（校正）川上　萌
　　　〒114-0023　東京都北区滝野川7-46-1
　　　振替00160-5-151318　電話03(5907)6703
　　　　　　　　　ご注文窓口　電話03(5907)6668
＊検印省略　　　　　組版所　藤　原　印　刷　株　式　会　社

Printed in Japan　　　ISBN978-4-18-349622-5
もれなくクーポンがもらえる！読者アンケートはこちらから
→